聖嚴法師◎著

真正的快樂

編者序

近年來，物價上漲、失業率提高，種種調查數據顯示，人民痛苦指數不斷攀升，造成生活中的種種苦惱，對於這些煩惱，我們該如何面對呢？有沒有什麼法寶可以讓生活過得更快樂？而快樂又要何處尋覓？

《眞正的快樂》是聖嚴法師針對社會人生的種種現象，提出什麼才是究竟的快樂、如何才能得到眞正的快樂。全書分爲六大主題：「你快樂嗎？」、「什麼是苦？」、「如何面對生死與聚散」、「找到幸福的起點」、「轉化主觀的感受」、「得到眞正的快樂」。幫助讀者探索自我，看清苦與樂的本質，找到自在面對人生苦樂的方法。

一般人對於「苦」的體驗，不外乎是想要的得不到、討厭的卻必須接受、相愛的人必須分離、仇恨的人必須合作，以及種種身心的煩惱；而「生、老、病、死」更是人生無可避免的苦難。面對人生的苦與樂，聖嚴法師認為，擺脫痛苦，追求快樂，本來就是人的本性；然而，追求快樂只能算是一個起點，不能當作人生的最終目的，如果無法擺脫痛苦的根源，就不會有眞正的快樂。

聖嚴法師進一步指出，苦與樂是相伴相隨的兩端，只要能透徹痛苦的根源，用知足、感謝、慈悲、奉獻等方法，轉化外在環境或是內在自我所引起的不愉悅，就能挖掘出快樂的眞諦了。

「不為自己求安樂，但願眾生得離苦」，這是佛教平等廣大慈悲心的展現，當一切眾生都得到平安與快樂時，自己才會眞正的離苦得樂，而這個快樂，也才是「眞正的快樂」。

法鼓文化編輯部

目次

如何面對生死與聚散 67

得到真正的快樂 157

你快樂嗎？

真正的快樂是什麼？

如果有人家裡生了小寶寶，一般我們都會說恭喜恭喜、可喜可賀。但是佛教認爲人生苦多樂少，即使是「生」，也是一種苦，所以佛法教我們不要以苦爲樂，要離苦得樂。

對於生命中四種基本現象——生、老、病、死，佛教稱之爲「四苦」。其中老、病、死被視爲苦比較易理解，但如果說「生」也是一種苦，大多數人可能就很難理解了。

幾乎每個人對於剛出生時的情形，都已不復記憶，嬰兒出生時究竟覺得苦還是樂，誰也不曉得。但是我們可以推想，嬰兒的皮膚非常細嫩光滑，第一次離開母體，乍然接觸外界的空氣時，感覺一定很不舒服、很難過。環境驟然的改變，讓嬰兒出生時號啕大哭，可是卻又非得來到這個世界不可。

對母親而言，生產恐怕也不是一件輕鬆的事。很多婦女對於生產時受的痛苦，即使用「痛不欲生」四個字，都還不足以形容，所以古人才會把生日稱爲「母難日」。但是小孩出生後，痛苦解除了，母親又會覺得很安慰、很快樂，就像歷經千辛萬苦，終於爬上山峰，再也不需要往上爬時，就會覺得欣喜若狂。其實這只是苦難、壓迫感解除後所產生的快樂感受，是苦之後的結果，並不是另外有新的快樂產生。可見「生」是一件苦事，並不是眞正的快樂。

出生是苦，在人的一生當中，眞正的快樂也沒多少。一般人感受到的快樂，都是因爲滿足了「五欲」——眼、耳、鼻、舌、身——而得來的欲樂，例如：眼睛看到美景、耳朵聽到悅音、鼻子聞到香味、嘴巴嚐到美食、身體有柔軟細滑的觸感。還有，和別人談話談得很投機，或是獲得一項新的成果、發現一樁新的事實，讓自己覺得很有成就感……等，這些屬於心理層面的賞心樂事，也都屬於「欲樂」。

欲樂的「樂」都包含著「苦」在其中，是「樂中帶苦」，但是我們大多數人卻對這樣的事實毫無所知。例如一個稀世罕見、美若天仙的美人出現在你眼前，因爲很難得見到，所以你會很欣賞她，一見到她就覺得很快樂。但是，如果天天讓你見到美麗的東西，或是讓美女、帥哥天天在你面前出現，讓你看個夠，就沒有什麼稀奇了。短暫的接觸雖然令人覺得目眩神迷，接觸次數多了以後，快樂便蕩然無存。

凡是欲樂，都是暫時、無常的，很快就會過去，感覺上很眞實，其實很虛幻，而虛幻的感受本身就是一種苦。因此，五欲之樂仍在痛苦之中，說穿了，這種快樂只是一種和「苦」相對的感受。

這樣看來，生而爲人好像沒有什麼値得快樂的事，其實也不盡然。因爲還有一種樂叫做「定樂」，也就是禪定的快樂，比欲樂更勝一籌，快樂的感受也更強烈一些。因爲在禪定中已經擺脫了身心限制，特別是身體的負擔和病痛都會消失不見，不再有沉重的感覺，這時候心裡會產生一種滿足感，而且這種「無事一身輕」的感受是非常快樂的。只是出定以後，因爲身體還在，所以因身體而有的種種負擔依然存在。因此，定樂也不可能長久維持。

最究竟的快樂是「解脫之樂」，透過修行得到解脫之後，不再有任何困擾及煩惱，心理上不再有任何負擔，這時候，才是眞正、絕對的快樂，也才是眞正值得我們追求的快樂。

追求快樂是起點，不是目的

釋迦牟尼佛告訴我們，人生有苦，包括：生、老、病、死、怨憎會、愛別離、求不得，以及五蘊熾盛等，總稱爲「八苦」。苦是人生的事實，不過正因爲有苦，所以人一出生就希望追求快樂，因此達賴喇嘛曾說：「生命的目的是追尋快樂。」他採取與釋迦牟尼佛相對的角度來說，佛陀講「離苦」，他則講「得樂」，但呈現的都是人生的實相。

雖然說追求快樂是人的本能，但必須先釐清：我們所追求的快樂是什麼？

其實人類從出生開始，最重要的不一定是追求快樂，而是滿足欲望，例如對食物、生活安全等欲望的滿足，一旦欲望得到滿足，就會產生快樂的感受。因此，「快樂」和「欲望」兩者間有絕對的關係。

在物質上追求快樂、滿足，應該是現代人共同的傾向，否則物質文明不會發展得那麼快。可是，在追求快樂的同時，不禁令人懷疑，我們所追求的快樂，是不是可靠？能不能維持長久？

適可而止的欲望，本來是無可厚非的，但是如果不合理、無止盡地追求欲望，就會因爲欲望得不到滿足而產生各式各樣的痛苦。所以，人們表面上在追尋快樂，事實上卻也在追尋痛苦，因爲所追求的快樂，都要付出痛苦的代價，而且快樂不會是永久的眞實，它只是一種暫時的現象，說穿了不過是一種幻影。

而且，享受快樂之後，又會回到痛苦的原點。所以，人生不過是從苦到樂、從樂到苦，一個永不間斷的循環而已。只是人們自我安慰，假想自己所追求的就是快樂，結果卻永遠陷於痛苦之中。

佛教的密宗雖然特別重視「大樂思想」，但這是指修行過程中，在精神上產生的喜樂。例如修習禪定時有所謂的「禪悅」，只要能夠修到身心統一，就會有一種沒有綑綁、束縛的舒暢感，也就是「輕安」的快樂；又例如中國淨土宗以求生西方極樂世界為終極目的，也是以「極樂」來形容修行到最後的境界，可見修行的確可以得到快樂的結果。可是，修行的目的並不單只為了自己追求快樂，而是為了幫助別人遠離痛苦、得到快樂。

如果僅以追求快樂做為人生的目標，很可能會變成一個享樂主義者而有所偏差，更有可能適得其反地帶來痛苦。達賴喇嘛之所以說：「生命的目的是追尋快樂。」是站在眾生的立場，迎合現代人趨樂避苦的心理，我們千萬不要誤解達賴喇嘛眞正的意思。

因此，追求快樂只能說是一個起點，是人類共同的希望，不能誤以為追求快樂就是人生的最終目的，否則，僅追求物質生活上的快樂，帶來的結果可能就是痛苦。而且以佛教的立場而言，應該要有「不為一己求安樂，但願眾生得離苦」的精神，當一切眾生都得到平安與快樂時，你才會眞正的離苦得樂。

自找苦吃的人生

沒有一個人喜歡受苦，總是希望快樂，所以會趨吉避凶、趨樂避苦、追求快樂。但是現實生活中，痛苦卻如影隨形、難以擺脫，而且追求快樂到最後，往往又都變成是苦的，這是爲什麼呢？

這是因爲追求快樂一定要付出代價和成本，否則這種快樂就變成一種「負債」，苦就會接踵而至。就像一個人身上沒有錢卻想看電影，只有想辦法偷偷溜進電影院，起先一、兩次可能還不會發生問題，但是總有被抓到的一天，被抓之後，就有苦頭吃了。

不願意付出代價所得到的快樂，終究會嚐到苦果，就算爲了快樂而願意付出代價，也要歷經種種辛苦。例如爲了追求物質上的快樂，就必須先努力工作賺錢，經過一段時間後，才能擁有快樂的享受。但仔細想想，這樣的快樂豈不就是辛苦、甚至痛苦後的結果？所謂的「犒賞」、「獎賞」，就是辛苦工作之後得來的報酬。

俗話說：「天下沒有白吃的午餐」，就算只是吃一餐飯，也都是我們辛苦工作所得的成果，也是來自於老天的獎賞。古人說：「莫忘盤中飧，粒粒皆辛苦。」不要以爲盤裡的食物得來容易，其實每一粒米都是農夫辛苦耕種得來的。一棵稻子播種之後，要好幾個月才能收成，這期間非常辛勞，只是大家吃飯的時候，很少會想到過程的艱辛。

人的一生之中，從呱呱落地到死亡爲止，都在忙碌中度過，眞正快樂的時候其實很少。因爲只要有了生命、有了這個身體，要過生活就必須付出代價，這就是辛苦。一般人以爲夫妻結了婚、生了孩子大概是快樂的，但是家家有本難念的經，孩子雖然很可愛，可以爲你帶來很多安慰、快樂，但有時也會增加很多意想不到的負擔、困擾和麻煩。

爲了化解生活中的煩惱和痛苦，現代社會出現了許多娛樂設施以及消遣休憩環境，例如PUB、KTV等。表面上提供人們很多歡樂，其實這種快樂都只是瞬間的麻醉，短時間內能放鬆頭腦，讓身體、五官受一點刺激，接受不同的訊息、得到暫時的調劑，但不等於眞正的快樂。

這就像眼睛發癢時用手去抓，抓的時候覺得很快樂、很滿足，結果卻是更紅、更癢、更不舒服。又像患香港腳的人，用熱開水泡、用手抓癢時，當下會覺得很舒服，但如果不小心抓破了皮，反而會更痛、更不舒服。所以，快樂不但是苦的結果，也是另一個苦的開始。

由此可知，人生本來就是苦多樂少，我們的一生汲汲於追求消滅痛苦的方法，這都只是治標而已，非但不能得到眞正的快樂，可能還會造成更大的痛苦。主要的原因，就是不知道痛苦的發生，其實都是自己造成的。

「痛」並不等於「苦」

曾經有一位老和尚罹患癌症，躺在病床上發出陣陣呻吟。徒弟好奇地問他：「您不是說四大皆空嗎？怎麼還會覺得痛呢？」老法師回答：「空就是空，痛就是痛啊！」的確，即使是一位修行多年的老和尚，仍然會有肉體上的病痛。

一般人常把「痛苦」連在一起講，分不清「痛」與「苦」的區別，多半認爲痛就是苦、苦也一定會痛，把兩者混爲一談，事實上，它們有極大的不同。「痛」是肉體上的，例如當身體受到種種折磨、傷害，或是被東西打到、撞到時，神經一定會感覺到疼痛，這是人體的正常現象，否則就不是人類，而是植物、礦物了。根據歷史記載，釋迦牟尼佛也有肚子痛、背痛的時候，這表示成了佛的人，身體還是一樣會有疼痛的感覺。但是佛的心裡不會覺得苦，苦是精神、心理上的。

「苦」有很多類型，例如「生、老、病、死」苦：對「生」的貪戀、執著，本身就是非常辛苦的事；看到自己隨著時光流逝而年「老」力衰、疾「病」叢生，心裡卻有所不願，也不甘心承受時，就會覺得苦；或是當一個人面臨「死」亡，無論是自己或是親人過世，心裡都會遭遇很大的衝擊而無法接受，這些都是苦。

除了生老病死之外，還有希望得到某種東西卻得不到的「求不得苦」，以及由人際關係所帶來的「愛別離苦」與「怨憎會苦」——無法與親愛的人相聚在一起，卻捨不得分離；或是放不下與怨家的仇隙，卻偏偏時常與怨家相遇。除此之外，像憂愁、恐懼、嫉妒、憎恨、懷疑……等負面情緒，都會讓我們感受到人生是苦的。

由此，我們可以很清楚地分辨出：痛是身體上的，苦則是精神上的。身體上的「痛」，在活著的時候無法解脫，但只要等到死亡、肉體消失之後，痛也就不存在了；「苦」則是永遠的，因爲那是一種精神上的負擔，如果在精神上放不下，即使死亡之後，都不得解脫。而且，當我們的心苦到極點時，往往也會引起身體上痛的感受，例如有時我們會說「心好痛」，但實際上，此時是因爲太傷心、放不下，情緒上愁苦的感受太強烈了，才會使人覺得「心如刀割」，痛到無法承受，但其實那是一種精神上的苦。

然而，如果自己的辛苦有所報償、回饋，就會覺得很安慰，即使歷經千辛萬苦、受盡煎熬，等到苦盡甘來、享受成果時，仍然會樂在其中。由此可見，當感覺不自在時，就會覺得苦；對於未來抱著希望時，就又不苦了。所以，「苦」並不是固定不變的感受，而會隨著外在環境不斷地轉變。

因此，如果我們的心能夠時時刻刻提得起、放得下，隨時隨地面對現實、處理現狀，而不恐懼、不逃避，看到什麼就是什麼、該怎麼做就怎麼做，盡心盡力處理之後，又能夠不在乎結果，就能保持心情的平靜，不再受苦了。

你在苦中作樂嗎？

佛法告訴我們，如果能夠體會「色即是空」、「緣起性空」以及「無常」的道理，就能離苦得樂，並體會到眞正的快樂。但是一般人覺得心情苦悶時，只要聽聽音樂、跳跳舞、打打麻將，或是從事自己喜好的活動，感覺上就已經離苦得樂了，這種說法似乎並不像佛法所說的那麼沉重，也沒那麼困難。所以，很多人都認爲，與其費心體會佛法所說的道理，倒不如去做一些立刻能讓自己覺得快樂的事情。

其實，這種快樂和佛法所說的「離苦得樂」有很大的差別，一般人所謂的享樂有兩種方法：一種是「麻醉」，例如抽菸、喝酒，或是使用其他刺激物、麻醉毒品，一時之間讓自己感到興奮、快樂或精神放鬆，暫時忘了自己正身處於危險或苦難之中，可是一旦時效過了，馬上又恢復原來的狀況。

另外一種方法是「刺激」，能讓我們的肉體官能得到痛快的感受，就像被蚊蟲叮咬後，搔著皮膚的癢處；或是在天氣炎熱時，喝下一大杯冰水，都會覺得非常舒服、很過癮、很爽快。可是以這些刺激方式來處理，往往會造成皮膚發炎、氣息不順等毛病，這是因爲對身體刺激過大所造成的。

一般人所謂的享樂，不過是另一種形式的「麻醉」或「刺激」，都是以苦爲樂、苦中作樂，並不是眞正的快樂，也必然會得到樂極必反的苦果。以打牌爲例，並不是每一副牌都能打贏，也許打贏一、兩次之後，運氣變差了，怎麼打也贏不了，這時候就會覺得非常痛苦。但是贏牌的人也未必快樂，有人贏牌之後，因爲太快樂、太興奮，心血管受不了刺激，造成中風或心臟痲痺而過世。跳舞也是一樣，在舞池中跳舞時，感覺陶陶然，非常興奮、歡喜，連自己是誰都忘了。但是跳完舞以後回家，一覺醒來，跳舞時陶醉的感覺已經消失了，而自己還是原來的老樣子。

當然，工作忙碌或身心感到疲憊時，爲了紓解一下情緒，聽音樂、打球、游泳、爬山、旅行等，都是正當的消遣娛樂，有調劑身心的作用，並沒有什麼不好。但這些消遣畢竟不是究竟的解決煩惱之道，無法確保永遠的快樂。

修行佛法所帶來的解脫之樂，才是眞正、究竟的快樂，放下內心的一切負擔，能讓我們徹底從苦的觀念、經驗中得到解脫，這和暫時的快樂感受是截然不同的。

一般人大多爲了生活、賺錢而忙碌奔波，身心難免會產生疲累的感覺。如果有時間，不妨做一點義工性質的工作，以休閒的心態來奉獻，不但能轉換心情，也能體會一下既不爲賺錢、也不爲生活，單純只是爲了奉獻而奉獻的感受。用這種方式來幫助別人，不但能夠利益他人，也有調節自己身心的作用；不但能達成休閒調劑的目的，也能夠獲得眞正的快樂。

心胸開朗，就不受環境局限

有不少人常常覺得，自己的工作順利，甚至事業做得也還平順，生活範圍相當廣闊，但是內心世界或行爲模式卻總是像受到某種限制，而被局限在一個小框架裡，心胸開朗不起來。

所謂的「心胸開朗」，應該可以分爲兩個層次，第一種是眼界開闊、心胸廣大。通常一個天性樂觀、豁達，對於現實的環境與遭遇抱著樂天知命心態的人，才能夠做得到。這種人非常幸運，他的性格天生就很開朗，但是這種人也可能變成對什麼都不在乎，做什麼都好，即使無所事事也不以爲意，這麼一來，生活可能會發生問題，生命也缺乏意義。

至於心胸開朗的第二個層次，則是指超越全部的時空環境、超越所有的利害得失、超越一切的成敗是非，這種超越的觀念和心態，才是眞正的開朗。

我認識一位原本非常成功的企業家，但後來遇到經濟不景氣，生意開始走下坡，於是心情非常沮喪。我告訴他：「原本你是沒有生意的，漸漸生意才愈做愈大，『生意』原本就不是你的，現在不過是回歸原點，你也只有好好面對它。」

他說：「起初沒有生意時都還好，反而是生意好轉以後，一下子虧了那麼多錢，讓我覺得非常放不下、受不了，實在不知道該怎麼辦才好？」

我安慰他說：「生不帶來、死不帶去，能夠處理的就盡力處理，不能處理的就放下。在這個時代環境中，許多因緣條件配合起來，就會產生這樣的結果，你心裡著急也沒有用。」

他聽了以後說：「難道，就這樣讓全部的事業成爲過眼雲煙嗎？」

我說：「你本來就沒有事業，一切等於從來沒有過。將來如果有機會從頭做起，那不也是很好嗎？」

他又說：「我大概沒希望了。」

我鼓勵他：「不要這麼說，這一生沒有希望，來生還有希望，永遠都有希望的。」

一個心胸開朗的人，對於所有的事情，都不會有「不得了」的想法，但是他能做到該努力的時候就努力、該迴避的就迴避、該處理的還是會去處理。眞的沒有辦法、處理不了的事情，就坦然面對，接受下來。也就是說，遇到任何事情，都要面對它、接受它、處理它。如果當時的現實條件、環境因緣無法處理，也不要再掛心，就放下它吧！

曾經有一年颱風來臨前，我們北投農禪寺因爲地勢低窪，所以未雨綢繆，提前把所有放在低處的物品搬到高處。可是颱風來的時候，還是逃不過淹水的命運，農禪寺淹成一片汪洋，損失很多物品。面對這無奈的事實，我認爲既然已經盡力處理了，無論結果如何、有沒有損失，都不必那麼在意，只要全心處理善後就好。

這就是善用因果、因緣的觀念來看待事情。

如此一來，就能夠超越利害、得失、成敗，不受外在環境的局限，到了這個程度，才算是眞正的心胸開朗。

什麼是苦？

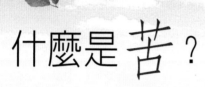

痛苦的發生與消失

只要談到佛教教理，多數人第一個想到的就是「苦」。佛教說「眾生皆苦」，釋迦牟尼佛也是因爲充分感受到人生充滿了生、老、病、死等苦，才希望能夠藉由修行得到解脫。佛陀開悟之後，首度闡述的佛法基本眞理就是「四聖諦」：苦、集、滅、道，苦是其中一個重點，也是我們在日常生活中就能感受、發現到的。

苦從何而來？苦的原因並不是食物、衣服等物質上的缺乏，而是內心的掙扎、矛盾和無法排解的心結，也可說是「內心的苦悶」。我們所感受到的一切痛苦，其實都是我們自作自受、自己製造出來的。在生活當中，由於我們的愚癡，不明白因果的道理，才會造成心理、語言、身體等方面種種不當的行爲，這些不當的行爲進一步又爲自己製造受苦的原因，並且不斷地造成因果循環，就像撿石頭砸自己的腳一樣。這些痛苦形成的現象，就叫做「集」，「集」有集合、集攏、聚集在一起的意思。

所謂「菩薩畏因，眾生畏果」，對於苦，菩薩以不製造苦的原因爲根本的解決方法。然而，凡夫卻只會一味躲避苦的結果，一旦遇到痛苦的事，就希望趕快逃離，在逃的過程中還拚命製造另一個苦的原因而不自知。其實苦的結果有點像自己的影子，正所謂「如影隨形」，就像在光天化日之下，想要把自己的影子甩掉一樣，即使拚命地跑、跑得疲倦不堪，影子卻還是跟隨在左右。除非自己的身體消失，影子才會不見。

所以，如果我們不停製造苦的原因，苦的結果勢必永遠追隨著我們，就像吃完飯後，桌上的殘羹剩菜、湯湯水水總要自己收拾，即使花錢請別人幫忙收拾，所花的錢也要靠自己去賺。所以，一切的痛苦都是自作自受、因果循環的結果，逃避痛苦是沒有用的！只有面對它、接受它，才不會繼續受苦。不過，最好的方法還是不要繼續製造苦的原因。

因此，想要離苦得樂，就要減少苦因，而修「道」就是最有效的方法。因爲在修道的過程之中，我們的智慧會逐漸增長，而能夠運用智慧調整自己的內心，明瞭現在所受的種種苦難，都是自己製造出來的，並產生面對苦果的勇氣。如此一來，就不會痛苦了，也不再怨天尤人、逃避現實，而能夠勇敢面對它、接受它、處理它，不會繼續替自己與他人製造困擾，同時也會把引發困擾、苦難的原因，減至最低。苦的原因減少了，苦的結果也會減輕，這就是修道。

所以，行於正道的佛教徒，不但能努力減少苦因、接受苦果，還會多替他人設想而廣結善緣，相對的，他人也會對你有所回饋。如果沒有得到他人的回饋，也不用在意，也許是因爲時機未到，也許是我們過去曾經虧欠過對方，現在的付出等於是在還債，只要這麼一想，心裡就會豁然開朗了。

如果我們眞能不再製造苦因、不逃避苦果，到最後，當苦的原因完全沒有了，苦的果報也接受完了，就是「滅」的時候。「滅」了之後，就能夠使我們解脫、自在，成爲一個有智慧的聖人。

我們每一個人都經歷過內心的掙扎和苦悶，也都想從中超脫，「四聖諦」說明了從「苦」到「滅」的修道歷程，不但是佛法的基本道理，也是我們在生活、修行過程中減少苦、面對苦的指引。

一點也不苦

佛教所說的「滅苦」，有兩種不同的層次：一種是在自己滅苦以後，再也不到世界上來受苦受難；另一種則是在自己滅苦之後，不但不離開苦，反而繼續留在這個娑婆世界，爲眾生救苦救難，這就是菩薩道的精神。

其實只要我們內心的觀念能夠轉變，苦就不會存在。但因爲我們有身體，即使觀念上已經很清楚什麼是苦，在某些狀況下，也會因爲突然的不舒服而產生一些情緒、心生後悔，再度感覺到痛苦。就是由於這個原因，有些修行人雖然已經離苦了，還是會因爲無法確保永遠不再受苦而擔心未來，只希望趕快離開這個世界，一旦離開，也不願再回到人世間來。

但對眞正的菩薩而言，沒有一個地方是苦的，也沒有一個地方不是苦的，他深知世人感到痛苦的原因，是因爲不夠深入苦，只要深入苦以後，就不會再以爲那些是苦了。

例如，我常常告訴跟我學打坐的人，打坐時腿痛是正常的，這是每個學打坐之人的必經過程，腿完全不痛的人實在很例外。如果覺得腿痛得受不了，而馬上把腿放開，就永遠感受不到腿不痛的快樂。所以我會勸他們，當你還能夠感受到痛的時候，就不是眞痛，也不是最痛，只要保持盤腿不動，超越了最痛的時刻之後，不但不覺得痛，反而會有一種清涼的感覺產生。如果想體會那種清涼的境界，就必須先超越肉體上最大的痛楚。

除了肉體上的苦之外，生活、物質條件上的苦也一樣需要超越。世界上有很多人都能夠吃苦耐勞，即使在非常艱苦的生活狀態下，還是過得很快樂。例如孔子的弟子顏回，住在很簡陋的窮巷裡，過著「一簞食、一瓢飲」的生活，人不堪其憂，但他還是不改其樂。他之所以能夠感受到快樂的原因，是因爲最窮也不過如此而已，他不害怕損失任何東西，所以能保持心靈的富裕。像顏回這樣的賢者，能承受一般人不願承受的苦，但是在受苦的過程中，卻不以爲苦，這是因爲他心甘情願、樂意過這樣的生活。

又如一九四九年時，我隨著軍隊從中國大陸撤退到台灣來，當時軍中每個人都只有一套衣服可以穿，沒有辦法換洗，只能趁著到河邊洗澡時，順便把衣服洗乾淨；等舒舒服服地洗好澡之後，衣服也晾乾了。每當我們把衣服穿起來，輕輕鬆鬆地走回營房時，就會感覺精神抖擻、生龍活虎。一般人沒有受過這種苦，就會認爲我們生活得很辛苦，但當時我們和外人的感受完全不同，絲毫不覺得痛苦。

這些都是深入苦而不以爲苦的例子，從苦難中走出來的人，即使自己正在受苦，也不會覺得痛苦，因爲對他來說，已經沒有苦難這回事了。

因此，消極的出世並不能帶來眞實的快樂，只有積極的知苦、體會苦，從苦難中成長，才能眞正的離苦得樂。當我們漸漸脫離痛苦、得到快樂，能做到身在苦難之中而不以爲苦，就是眞正的「滅苦」。

知苦、體驗苦、不以為苦

佛法對「苦」有相當多的闡述，它將人生分爲生、老、病、死等四苦，再加上愛別離、求不得、怨憎會、五蘊熾盛等，就形成了「八苦」。離苦、滅苦是學佛的目的，然而在離苦、滅苦之前，最重要的還是要先「知苦」。

佛法中對於種種苦的分析，可以幫助我們瞭解苦形成的原因。然而，如果僅止於文字上的瞭解，即使將這些名詞念得滾瓜爛熟，也無法眞正體會苦的眞義。如此一來，佛法只不過是一般的知識，產生不了什麼力量，遇到討厭的事情，還是會瞋恨；遇到喜歡的事情，還是會貪愛，照樣還是在貪、瞋、癡、慢、疑種種煩惱心中打轉。對「苦」的本質仍然一無所知，是不可能遠離痛苦的。

人生的各種經驗，都要親身體會過才能變得深刻。雖然許多人一聽聞佛法，很快就能夠理解人生是苦的，並能運用修行的方法來做一些離苦的工夫，但是大部分的人還是必須在遭遇過非常重大的災難之後，對於人生的苦才眞正有所體會。例如遇上飛機失事，機上所有的人都身亡，只剩下自己一個人存活；或是生了重病，瀕臨死亡邊緣，本來醫生宣判毫無復原的希望，結果卻大病不死。諸如此類九死一生的經驗、體驗過生命即將消亡的震撼，使他們對於死亡的態度，以及看待生命、運用生命的觀念和一般人完全不同。這是因爲他們好像已經死過一次，現在的生命就像是撿來的一樣，就會更加珍惜，任何的苦難對他們而言都已不是問題，不會像一般人患得患失，遇到一點小問題就放不下、感到非常痛苦。

另外一些人是因爲最親愛的人突然死亡了，因而發現人的生命非常脆弱、短暫，所以他會很珍惜這一份情感，也會試著用一切可能的方式來紀念這位親愛的人，也許是發願做義工、爲社會奉獻，也許是把所有財產捐獻給更需要的人。因爲他經過此一遭遇，對於苦有著很強烈的感受，知道人所擁有的一切，即使是生命本身都是短暫的，更何況是身外之物呢？所以從此以後，任何苦難都再也威脅不了他，也不再覺得痛苦了。

由此可知，菩薩必定是在受苦受難之中產生的。因爲他是過來人，再大的苦難他都受過了，所以當他身處苦難之中時，一般人都覺得受不了，但是他仍不以爲意，不覺得痛苦或困難。而且他是爲了救度苦難的眾生，才到苦難中來，所以並不覺得自己是在受苦，像這樣的人，都有著偉大的人格情操。

可見，如果我們想要知苦、體驗苦，從苦難之中瞭解苦難根本不存在，或者是接受苦而不以爲苦，都必須要有相當的人生歷練，這並不是人人都做得到的。身爲一個修行佛法的人，如果想要離苦、滅苦，也相當不容易，一定要透過不間斷的修行，才能跨越層層身心的障礙，從而超越所有的苦難。

不眷戀，也不逃避

佛法雖然談到人生有種種苦，但這並不代表修行佛法的人一定要遠離世間，或消極地逃避現實，才能夠離苦得樂。

「苦」這個字，聽起來好像只是一種舌頭所嚐到的味覺。其實佛法所說的「苦」，並不一定是感官上的苦，主要是指觀念上的苦。眞正的苦是「心苦」，一個人的人生觀念如果不清楚、不正確，老是以自我爲中心，就會作繭自縛、自找麻煩。所謂「天下本無事，庸人自擾之」，我們就是因爲常常庸人自擾，才被稱爲凡夫俗子。

佛法所說的「苦」，實際上是人的憂、悲、苦、惱等情緒反應，而情緒反應是從自我的觀念所產生。所以，苦並不是與生俱來的，也不是一成不變的，只要觀念一改變，痛苦也就不存在，即使表面上看起來好像遭遇了苦難，但只要心中不以爲苦，也就不覺得痛苦了。例如我們心甘情願爲兒女、配偶、親人而犧牲，或是心甘情願爲理想、信仰、心願而奉獻，就不會覺得痛苦，反而會覺得很有意義、很有價值，心裡覺得非常踏實。雖然同樣是辛苦的付出努力，但只要心中沒有任何不喜歡、不願意、不甘心接受的想法，痛苦便不存在。

由此可知，正確的觀念很重要。例如把《心經》所說的「照見五蘊皆空」運用在日常生活中，就能明白我們的生命是因緣和合而成，所有的事物並不是永遠不變的，只是暫時的存在。如果體認到這一點，我們就不會老是痛苦的自我掙扎，想要逃避痛苦，而能夠採取面對、接受問題的態度，並努力加以改善，而不會感覺到憂慮。

因此，一個眞正懂得佛法的人就會明瞭，事實上，痛苦是由一己的觀念所造成的。現實世界其實沒有什麼可怕之處，沒有任何事情需要加以逃避，也就不會消極悲觀、逃避現實。從經典以及歷史記載中，我們可以明確地知道，釋迦牟尼佛成佛以後，即使已得到究竟的解脫，遠離世間的痛苦，他仍沒有拋棄這個人間，反而更深入世間，爲救苦救難而努力。所以，如果認爲現實世界很可怕，而有消極悲觀、逃避現實的觀念，就不能算是眞正的修行。

然而，佛法所說的「入世」，並不一定等於一般人所認爲的「入世」。佛法中有「入世」、「出世」和「戀世」三種名稱，一般人所謂的「入世」通常比較接近「戀世」，無非是貪戀世間的虛名、浮利、男女情愛，以及種種虛幻不實的享受。眞正修行佛法的菩薩，雖身在紅塵之中，但並不被世間種種物質誘惑所困擾、淹沒，這才是眞正的「入世」，也才是眞正的「出世」。

因此，「出世」的觀念並不是要我們逃避現實、遠離人間，而是身在世間，而不受世間種種現象所困擾，這才是「出世」眞正的意義。我們唯有做到入世而不戀世，既不眷戀世間，也不逃避現實，才能眞正的離苦得樂。

好好善用「臭皮囊」

佛教的修行方法中，有四種觀想的方法，稱爲「四念處」，分別是「觀身不淨」、「觀受是苦」、「觀心無常」與「觀法無我」。這些基本的觀想方法，都可以幫助我們脫離自我的執著、衝破自我的限制，因此是佛教眾多修行方法中最基本的。

所謂「觀身不淨」，如果要深入解釋，那是非常專門、深奧的；如果從比較通俗的觀點來說明，觀身不淨就是觀想自己的身體不清淨。一般我們都會認爲自己的身體是可愛、乾淨，是很重要的，但是佛教卻稱我們的身體爲「臭皮囊」，認爲身體是由不清淨的東西組成的。

身體的不清淨，可以從幾方面來分析：第一、父母因發生兩性關係而有孕，從佛教修行的觀點來看，淫欲心是不清淨的，所以我們的血肉之軀在受胎時就已經不清淨了；第二、母親懷胎時，胎兒在母親的肚子裡和內臟在一起，由母親的血液輸送營養，而人體器官本身並不是很清淨的物質；第三、胎兒一出生以後，身體就不乾淨，一定要洗一洗，臍帶本身也是不清淨的，所以也要剪掉；第四、成長過程中，即使所有的飲食都是美好的，到最後形成的排泄物，卻都是臭的、不清淨的，除了屎尿之外，如果幾天不洗澡、不漱口、不洗臉，身體很快就會發臭，眼睛、耳朵、鼻孔裡，也會不斷產生污垢等分泌物。

經過這樣仔細的觀察，可以肯定自己的身體並不是那麼清淨、不是那麼可愛，也會知道對身體的各種執著，根本是不必要的。

可是如果一直用「觀身不淨」的觀念和方法，也可能會帶來負面的消極作用，因爲深刻感覺到自己的身體是這麼差勁、不乾淨；久而久之就會厭惡自己的身體，最後甚至會活不下去，而導致自殺的結果。

釋迦牟尼佛時代，曾經有一批修行人，就是因爲聽說了觀身不淨的法門，於是努力用方法觀想，在缺乏正確引導的情況下，發現自己的身體眞的是不清淨、很討厭，到最後，愈觀想愈覺得身體是可怕的。無奈的是，人活著又不可能離開自己的身體，所以乾脆走上自殺一途，這就是這個方法負面的效果。

正確的佛法觀點是：雖然認爲身體是虛假的、不清淨的，但還是要藉著它來好好生活，來行善修福、培養慈悲心、開發智慧；如果沒有了這個身體，這些成長與進步根本就沒有憑藉。

所以，雖然我們知道身體是不清淨的，只要不過度保護身體、顧影自憐，或是花太多時間去裝扮自己就可以了。此外，還要好好愛護這個身體，維持健康，這樣才能好好運用自己的身體，讓它發揮最大功用。

因此，「觀身不淨」並不是一個可怕的觀念，相反地，如果能發揮它正面積極的作用，不但能讓我們不過於執著身體，不把身體看得太重要，還能勇於運用它去做更多有意義的事。

不斷變化的心念

我們的身體經常在不斷地變化，其實我們的念頭也一樣，一個念頭接著一個念頭，川流不息、變遷不已。所以，佛教的基本觀想方法「四念處」中的「觀心無常」，目的就是要讓我們明白，心念在剎那之間生滅不已，是虛幻的。

一般人的心是煩惱心、妄想心，心念經常在浮光掠影、捕風捉影的情形下變動不已，所以並不眞實，只是暫時而非永恆的存在。我在美國遇到的一些西方人，常常會改變主意，如果問他：「昨天不是答應了，今天爲什麼反悔了呢？」他就會回答：「I change my mind.」翻譯成中文的意思是：「我改變主意了。」其實「mind」在英文裡就是「心」的意思，所以也可以說成：

「我改變了我的心。」這就是無常的心，因爲它是可以改變的：昨天想的跟今天不一樣、剛才想的和現在不一樣。自己的觀念可以互相衝突、違背，向著不同的兩個方向走，這就證明我們的心是無常的。

不只西方人如此，所有眾生的心念都隨時在改變。佛經告訴我們，眾生的煩惱心變化不定，一個念頭有「生、住、異、滅」四種型態，前念與後念也會互相交替、念念相續，不斷地生滅、變化。今天你看到一朵玫瑰花，覺得很歡喜，想要聞聞它、親近它，明天卻因爲玫瑰的刺扎痛了你的手，讓你的心念改變，覺得這朵花眞討厭，就不想碰它了。對人也是一樣，今天覺得厭惡至極的人，經過一段時日，因爲和他愈來愈接近，對他有了進一步的瞭解，知道他其實是一個很好的人，就會愈來愈喜歡他，這就是所謂的「日久見人心」。由此可知，我們的看法和觀念都會改變，這就是無常的心。

「心」是我們的主宰，所以我們一講心念無常，好像就失去主宰了。其實，正因爲心念無常，我們才會見到，在無常背後還有一個永恆不變的心，就是所謂的「佛心」、「清淨心」，也是禪宗所說的「明心見性」中所要明、要見的心，也是智慧心、慈悲心。它沒有自私自利、自我執著，也沒有以自我爲中心。

清淨的心也是不變的心。否則，今天成佛的人如果改變心意，說一聲：「I change my mind.」明天就又變成眾生了。一個已經解脫的人，完成了清淨的智慧心以後，就再也不會三心二意了。因此《涅槃經》指出，無我、常住不變的心，就是佛心。

不過，可能是因爲佛法一直強調這個世界是虛幻的，影響所及，很多中國文學作品對佛教的描寫就是消極厭世的，似乎佛法講的不外是虛幻、無奈、無常，古典名著《紅樓夢》就是一個很好的例子。

然而並非如此，佛法所講的無常非是常積極的，就是因爲無常，所以才不需要失望。雖然現在煩惱很多、憂慮重重，感到非常痛苦，但隨著時間過去，環境改變，就會有新的情勢出現，我們的感受也會跟著慢慢轉變，心情就會變得開朗。例如先前你可能覺得很憂慮，好像已經毫無希望、前途一片黯淡，但是聽到我說的佛法後，心念一轉，馬上就是柳暗花明又一村的光明前景。

所以，無常的觀念，實際上能爲我們帶來無窮的希望。正因爲念頭可以糾正，只要改變觀念，前程就會跟著轉變。這樣，即使環境不變，未來的希望仍然會在我們心中不斷的展現開來。

遠離「苦」的感受

當我們在實際生活中，漸漸遠離痛苦的感受時，就是「離苦」，與此同時，就能夠得到樂的感受。離苦的方法有很多種，一種是改變自己的觀念，一種則是藉由修行方法來改善。

例如，許多人對於搭飛機心存畏懼，深怕飛機會從空中掉下來。有位先生曾經告訴我，有一次他們夫妻兩人搭飛機，碰巧在空中遇到亂流，飛機顛簸得很厲害，他的太太覺得很危險、很緊張，害怕得不知所措。於是他就安慰她：「飛機掉下來的可能性不大，如果眞的發生空難，害怕也無濟於事，所以就不要擔心了。」雖然他嘴巴上這麼說，其實自己心裡也有些擔心。

於是我就教他，如果下次搭飛機再遇到亂流，機身顛簸得很厲害時，就想像自己回到小時候，睡在搖籃裡的情景。想像自己長這麼大了，還有機會重溫舊夢，在搖籃裡面盪來盪去，是多麼舒服的一件事！也可以想像自己是在天空中隨風飄動，體驗一下古人所說「御風而去」的仙人境界，這也不錯！

類似這種觀想，是一種很好的離苦方法，但是，如果實在沒有這種修養，無法想像自己是個仙人，那就做個凡夫，念觀世音菩薩、阿彌陀佛；如果有其他的宗教信仰，也可以向上帝禱告。因為在這種時候，無論想什麼都是沒有用的，就把一切問題交給信仰，把你的命運、危險，全部都交給佛菩薩去操心，這樣就什麼事也沒有了，還可以安靜地閉上眼睛，好好地享受飛行的愉快，這就是信仰的力量。

所以，身處苦難時，不要慌亂、不要緊張，一定要沉著應變，並且善於運用信仰、修行的方法來處理當前所面臨的問題。例如，身陷火場時，如果能冷靜、沉著地持誦觀世音菩薩或阿彌陀佛聖號，就可以幫助我們鎮定下來，並為自己在火海當中找出一條生路。否則當人感到極度害怕時，可能會不顧一切從樓上往下跳，本來還不至於被火燒死，沒想到卻因這一跳而喪失了生命。

由此可知，善於運用種種修行和信仰的方法來面對苦難，雖然尚未達到徹底滅苦的程度，但也能讓我們體會離苦得樂的滋味，並且加強以實踐佛法而離苦得樂的信心。

放下「自我」的幻覺

一般人認爲，活著的時候，自己的生命就是「我」；死亡以後，雖然身體消逝了，但是靈魂還在，就轉而把靈魂當成「我」。但是，狗有狗的靈魂、貓有貓的靈魂，人也有人的靈魂，即使是人的靈魂，也有男人、女人之別。所以，在一次次的生死輪迴之中，靈魂並不是絕對不變的，只要靈魂一變化，「我」也就會跟著變化。因此，佛法雖肯定身體、靈魂的存在，但它們都不是固定不變的，因此，我們也可以說，沒有一樣東西可以稱爲「我」。

第一次接觸「無我」觀念的人，大都會感到害怕，其實「無我」才是對自我眞正的肯定。讓我們仔細想想，「我」究竟是什麼？是心？是身？還是身心之外所擁有的事物？所謂的思想、財產、名譽、價值判斷等，就是「我」嗎？或者只是「我的」罷了？

舉一個最簡單的例子，我的名字叫做「聖嚴」，但是在台灣，就有五個名叫「聖嚴」的出家人，所以將來如果有人提到「聖嚴法師」，究竟指的是誰？還有，我曾經在大英歷史博物館看到敦煌出土的古代經卷，裡面就有一位唐朝的法師與我同名，巧合的是，這位法師也姓張，和我俗家的姓一樣，也叫做「張聖嚴」。由此可見，歷史上同名同姓的人很多，我的名字並不就是「我」。同理可知，我的身體不是我、我的名譽不是我，其他與我有關的一切也都不是我。因此，現在一般人所講的「我」，都是虛幻的我，並不是眞實的。

但是一般人還是很怕無我的觀念，因爲一講到無我，就覺得自己的價值、立場、目標、方向似乎都消失了。曾經有一位美國教授跟著我打禪七，在打坐狀況非常好的時候卻要求回家。我問他：「你爲什麼不坐了呢？」他回答：「我愈坐愈好，覺得這個世界愈來愈空虛、不重要。但是這樣不行，我還有一個太太，我怕我一開悟，進入『無我』的境界，就可能不要太太了。我可以不要太太，但是太太不能沒有我，所以我想回家了。」他表示，基於慈悲的心理，他要回家幫助太太，所以他不想打坐、開悟了。於是我告訴他：「你好愚癡啊！成了佛、開了悟的人，雖然沒有自私自利的我，卻有大慈大悲、大智大勇，也就是把小我擴大成無限、廣大的我，不僅可以幫助自己的太太，還能救度更多眾生。」

佛教認爲，一切有形、無形的現象，在我們身邊不停地變換著，生活在這個變動不已的幻境當中，我們常常爲自己編織苦惱的生死之網而毫不自覺。明白「無我」的道理，就可以幫助我們練習放下自我的幻覺，積極修行菩薩道。

雖然眾生看佛是有「我」的，例如在《金剛經》中，釋迦牟尼佛就常以「我」自稱，但是在其他佛經裡，如來也常說：「我是佛」、「我在說法」、「我在度眾生」，這些都是「假名我」，是爲了讓眾生瞭解佛所說的法，才必須有個指稱的對象。事實上，佛的「我」就是「無我」，拿掉凡夫的自我，只剩下佛的無我，才是究竟的我，也才能在這個世界上，發揮絕對正面的影響力。

放下一切負擔

以佛的智慧來看世間，無論是我們的生命或是外在的環境，包括心理、精神、物質、自然等一切現象，全都是因緣所生。而緣起緣滅之間，並沒有一個永恆不變的自性，所以一切都是空的，這就是佛法所說的「緣起性空」法則。

「有生必有滅」，生滅的過程就是不斷地變化，其中並沒有一定不變的元素，到最後徹底瓦解時，就變成了「空」。實際上，不用等到壞滅，在變化的過程中，當下就可以看到空的事實。例如，某樣東西雖然現在很漂亮，但它不斷在變化，美麗不斷地消失，並不可能永遠保持漂亮的外觀，從這個不斷變化的過程來著眼，它的本質就是空的。因此，「空」並不是指所有的現象都不存在，而是從不斷消長的變化中體現它的空性，這也是「色即是空」的意思。

例如，在美國東部，一到秋天，隨處可見一整片黃色、紅色的葉子，彷彿油畫般美麗。然而，一幅油畫完成以後，大概能夠保存幾十年、幾百年不變，可是眞實的景色經過一、兩個星期，就全部改變了。花朵也是一樣，原本是紅色的花，當它枯萎之後，就會變黃、變黑，最後灰飛煙滅，這樣的過程顯現這朵花也沒有不變的自性，而是隨著因緣而產生各種不同而變化。由此可見，所有鮮豔美麗的花草都會逐漸失去它的色澤，直到最後完全乾枯、化爲泥土，並不能永遠都維持美麗，所以它們並沒有永恆不變的自性。

人類也是一樣，或許有人會以爲，我們這一輩子是男性，就永遠都是男性；這輩子是女性，就永遠都是女性。但其實這並不是永恆不變的！如果把時空範圍擴大來看，人死了以後，下輩子是男或女是說不定的。又例如，小孩雖然年紀小，但「小」並不是他的自性，當他隨著時間漸漸長大成人之後，就不再是小孩子了。因此，人並沒有不變的性質。我們的身體以及所處的環境都是由「五蘊」：色、受、想、行、識所構成，其中連我們生命的主體「識」，也是沒有自性的。

如果我們能夠時時刻刻以這種角度、觀點來看世間，這個世間就沒有什麼非追求不可的東西，也不會有什麼事情是值得我們討厭、煩惱和放不下的。因爲因緣一直在改變，一切都是暫時的現象，當好的狀況出現時，要知道它會漸漸失去，所以不需要太興奮。從另一方面來說，好的現象可以使它變得更好，壞的現象也可能使它好轉，即使再壞的狀況發生，最後也不過是一無所有，但是一切本來就是空的，所以並不要緊。

當我們以無常的觀念爲著力點，就會看到萬物的自性都是空的，並沒有任何眞實不變的東西，因此佛教說「五蘊皆空」。既然五蘊皆空，萬事萬物都是因緣所生，而因緣所生的東西又是沒有自性的，如此一來，還有什麼苦可言呢？

明白了「緣起性空」的智慧，我們就能夠接受苦而遠離苦，而離苦本身就是樂。這種快樂並不是吃飽喝足、接受感官刺激或麻醉後所感覺到的快樂，而是讓我們放下一切負擔，並且從這些刺激中得到解脫的快樂，我們稱之爲「寂滅樂」。

寂滅樂是滅苦以後眞正的快樂，在這種情形下，並沒有相對的苦與樂，而是超越了苦與樂以後的境界。這是智慧與精神層面的快樂，也是一種清澈的快樂。

少欲知足真快樂

在我們的生活中，經常有很多快樂的感受。例如功成名就時，別人對我們的稱讚；或是當生活安定，看著孩子一天天長大成人時，也會覺得很滿足、很幸福。無論在家庭、事業或社會環境上，我們都會有許多快樂的想法或感受。生活中這些快樂的感受，的確不容否認，但如果仔細深究，卻不難發現，我們的生命其實是苦樂交錯的，而且苦多樂少。

時常我們所感受到的快樂，其實是忍受痛苦後的結果，而快樂本身，最後也會變成痛苦的原因。所以從佛法的觀點來看，「樂」是「苦」的開始，通常也是「苦」的結果。例如辛辛苦苦工作、賺錢，努力了好長一段日子之後，再拿賺到的錢去吃喝玩樂，雖然享受到歡樂，時間卻很短暫。而且如果過度地享樂，就像自己沒有錢而向別人借錢一樣，欠了債就要還債，這就是一種苦。這又像是做了犯法或是對不起別人的事，雖然一時之間可以享受一些便利，覺得很快樂，但是到最後卻要連本帶利償還，這時候就苦不堪言了。

佛法認爲，這個世界本來就是一個充滿「苦」的環境，「樂」和「苦」是一體的，人間的歡樂僅是片段、偶爾、短暫地存在，而苦卻如影隨形。所以，當在這個苦的世界之中有一點樂的感受時，千萬不要以爲這就是永久的、可靠的。佛法進一步認爲，既然這個世界，本來就是苦的，所以不妨多體認苦、勇於受苦，這樣反而苦的比較少。如果只是享樂、享福，福享盡了之後，受的苦會更多。所以佛教有一種修行方法，就是「觀受是苦」。

在一般人的生活中，如果想要生活得更自在、安樂，就必須做到兩個基本原則：「少欲」、「知足」。唯有少欲知足，我們才不會如飢似渴地追求各式各樣的欲望，也才不會怨天尤人，埋怨外在的環境總是不如人意。

但是少欲知足的意義，並不是要我們放棄現實的生活。雖然自己要做到少欲知足，對他人仍然要努力的付出，奉獻我們所有的智慧和能力。爲了對別人付出，就要盡量成長自己，不僅要使身體健康、智慧增長，同時也要增強幫助別人的慈悲心。

一個擁有幫助別人慈悲心的人，就不會太過於重視自我欲望的滿足，才能做到少欲知足，而擁有眞正的快樂。

如何面對生死與聚散

即使生病，也不痛苦

在醫學領域裡，無論是傳統中醫或現代西醫，在面對人類各種病苦時，仍然有很多無法突破的瓶頸。所以，我們常常會聽到很多被疾病纏身的例子，即使嘗試過各種醫療方式、受盡折磨，卻依然無法解脫病痛。

疾病大約可分爲生理與心理兩種。所謂「病從口入」，生理上的疾病經常是由於吃了不潔的東西所引起的，有時病媒也會由耳朵、眼睛或身體任何一個部位侵入感染。換句話說，只要我們的衛生常識不夠，不懂得保養、保健，就很容易使身體生病。

心理疾病的產生，則是由於人的六根受到污染，導致心靈、頭腦發生問題。所謂「六根」，就是眼、耳、鼻、舌、身、意，亦即眼睛、耳朵、鼻子等五官加上身體及腦神經的反射、反應作用。心理的疾病是從我們的六根進去的，這類疾病要找心理醫生用心理學的方式進行治療。

然而，身心是互相影響的，生理疾病會影響一個人的情緒，同樣的，心理疾病也會引發身體不適。目前一般的中、西醫大多僅以藥物治療，或是用針灸、推拿、穴道按摩等物理方式來幫助病人，但這只能治標而無法治本。在預防疾病方面，也僅限於宣導維護環境衛生、提倡個人生活規律、飲食均衡、養成良好的運動習慣等，還是無法照顧到我們的內心。

即使心理醫生也是如此，他們往往只是問問病人過去的成長背景、生活經驗，有無任何創傷經驗或心理不平衡之處，然後再加以疏導、化解。這種治療方式表面上可以達到某種程度的效果，暫時緩和病人的症狀，但仍然無法徹底治療。

在跟我學禪的西方弟子之中，有許多都是心理醫生、心理治療師，或是心理學家，例如在英國的一班學生之中，就有幾十位都是心理醫師。他們平常爲病患解惑療傷，結果自己卻有頗爲嚴重的心理問題，即使用心理治療的方法也解決不了，因而前來找我，希望我以禪的方法幫助他們。

我們常把「病、苦」連在一起說，但疾病所引起的痛苦究竟屬於生理的？還是心理的？乍看之下，好像是生理的，因爲是身體有病、感覺疼痛，所以才覺得苦。其實，痛不一定是苦，苦是一連串的不甘願、無奈、沒有希望、不知如何是好的心理感受。如果心理健全、有所寄託，觀念也非常通達，那麼身體的病只是單純的痛而已，並不會成爲問題，內心也不會覺得苦。

例如，有位老人家長期受癌症的折磨，他所面對的生理上的疼痛，是常人難以體會的。但是由於佛法觀念的幫助，雖然痛卻不苦，臨終時，還有阿彌陀佛前來接引，老人家覺得前途無限光明，不但走得很歡喜、也很安詳，可見佛法的確有治療病苦的效果。

在眾多形容佛的名號當中，有一種名稱是「大醫王」，因爲他是世界上最好的醫生、醫生之中的醫生，尤其專門醫治人們的心病。所以，只要對佛法有信心，任何患病的人都可以少受一點苦，只要心理上的苦沒有了，病情就會跟著減輕，這也是佛法救苦救難的功能之一。

老化是自然現象

一般人以為「生」是一件值得欣喜的事，其實「生」是一種苦，從出生第一天開始，就一直受苦到死亡為止。除了生之外，老、病、死也都是苦，可以說生命本身就是苦。生、死在一生中都只有一次，老則是一個連續不斷的過程，在這個過程中，每隔一段時間就會生病，有些人更是一輩子都受病痛的折磨，非常累人，這些都是苦。

一般人也以為，出生以後，應該是先生病，生了病以後才會老。其實，並不是非得等到鬢髮花白才叫做老，「老」是一種時間的累積，從出生開始，就已經注定要死亡，在死亡以前的整個生命就是老化的過程。所以我們從出生開始，就一天一天的變老，就像佛經裡所說的「是日已過，命亦隨滅」一樣，老化就是一種無常。

記得小時候，我們都迫不及待地想要趕快長大，因爲長大以後就可以享有大人的權利，大人能夠做的事情、能夠去的地方，我們也可以做、可以去。父母、老師管不到我們，也不必再聽他人的吩咐，享有很高的自主性。會有這種想法，是因爲還沒有嚐到老的滋味，才會希望趕快長大。要知道生命是很短暫的，大概過了少年時代，高中畢業、進入大學、步入青年以後，就可以感覺到年齡的壓力了。很多人可能經常都會這樣想：「過了一年，我又大了一歲。爲什麼我都沒有什麼成就？有人在我這個年齡，早就已經很了不起了……。」像這樣老是在計較自己的年齡，就是一種苦。

老化雖然是一種自然現象，奇怪的是，很多人都非常介意談論有關年齡的問題，尤其很多女士們，常把自己的年齡當作祕密，隨便詢問會被視爲是很不禮貌的行爲。當別人猜測自己的年齡比實際年齡小，就感到很高興；要是猜得比較大，就會很難過，懷疑自己的外表是不是看起來很老了？大多數人都不願意承認自己年紀變大了，也不願意讓別人感覺到自己老了，希望能夠永保青春，在他人眼中永遠是年輕的模樣。像這樣不甘願變老，但是又非老不可，也是一種苦。

老雖然不一定是指老態龍鍾，但是到了年老體衰時，當然一定是非常苦的。很多人經常都會安慰我：「師父，您看起來好像只有五十多歲，看不出實際年齡來。」我說：「阿彌陀佛！不要這樣說，我已經七十歲了。」我的身體我自己知道，偏偏有很多人喜歡欺騙自己，覺得自己的身體還滿好的，不像已經七十歲了，其實這只是自我安慰罷了。七十歲就是七十歲，和五、六十歲是不一樣的，之所以自欺欺人，就是因爲怕老，這也是一種苦。

因此，我們要不斷地警惕自己隨時隨地都處在老化的過程中，並且要好好利用生命中的每一分、每一秒。如此一來，雖然還是在生死大海裡不斷地老化，但至少能在短暫的生命中，粹煉出更深刻的意義，活得更有價值。

身殘心不殘

身體障礙有不同的等級、類別，造成障礙的原因也各有不同。有的是與生俱來的，例如有些小孩一出生就得了蒙古症，有的一出生就少了一條腿，或是聾啞、眼盲、畸形。有些身體障礙則是後天造成的，例如因爲小兒痲痺症，或是意外事件、戰爭、災難等，而造成的顏面或肢體傷殘。

因爲後天因素而導致身體障礙的人，由於從身體健全到障礙的落差，最容易被自己的外表所困擾而灰心喪志。但如果心理輔導得宜，也能是一個心理健全的人，雖然他在身體上有所缺憾，在體能上也比正常人差一點，但他的心智和正常人完全相同，只要工作職業選擇得當，還是能有優異的表現。

我曾經遇過很多身體障礙的朋友，例如畫家洪聖焜先生，無論在美國或台灣都相當有名，他畫透視圖的技術在台灣可說無人可出其右。另外有一位爲我看病的耳鼻喉科醫師，他的醫術特別高明，可見身體障礙並無損他們的專業能力。

身體障礙的朋友如果要克服外相殘疾所帶來的困擾，重拾內在信心，首先要做的就是心理輔導。無論是家屬或是親戚朋友，都要試著幫助他們建立正確的觀念，讓他們明白，自己除了外表的缺陷，其他和一般人並沒有什麼差別，仍然能夠擁有健全的人生觀，並不需要自卑。

不過，當人們身體的某部分有了殘缺時，產生自卑感是很自然的反應，心裡總是會有一點遺憾，覺得自己不如普通人。所以，我們可以鼓勵他們：「身體外表和個人價值是不相關的，更何況你的心智、才能與貢獻，都不輸給一般人，所以不需要自卑。」

除了從觀念上幫助他們之外，更重要的是要從宗教信仰上幫助他們，因爲透過宗教信仰，可以從根本上減輕身體障礙所造成的壓力和壓迫感，讓他們能夠調整觀念、轉變自我。

佛教講因緣，其中一種是「增上緣」，也就是一般講的助緣。但不同的是，佛教認爲助緣不僅是好的、有利的，有時逆境也是，這就是「逆增上緣」。因此，從佛教的立場來看，生命所遭遇的一切橫逆都是逆增上緣，所以我們應該以平常心接受它、面對它，並轉過來運用它，讓自己更成長。而藉由拜懺、念佛、布施等方式，可以幫助我們擺脫內心的矛盾情結，將自卑的想法轉變過來，獲得內心的平靜。當心態逐漸變得健康、開朗之後，就可以完全發揮自己的潛力，做到眞正的「身殘心不殘」。

死亡並不可怕

佛教認爲人生有生、老、病、死等各種痛苦，一般人很容易誤解這是在散播悲觀主義。事實上，在佛教的觀念中，身體上生老病死的變化，只不過是假相而已，學習並實踐超越這些假相的方法，才是佛教教義的重心所在。

釋迦牟尼之所以能夠成佛，是因爲他觀察、體會到，所有人都無法超越生老病死。有生必定有死，生與死是一體的兩個段落，開始的時候是生，結束的時候是死。而且只要有生命，就一定會老，生命的過程就是一連串老化的現象。老化的同時，還會產生許多身體或心理上的疾病，直到最後死亡，誰都不能夠避免。

眾生在人間是受苦受難的，並非享福享樂。即使有時候感到快樂，也是苦多樂少，而且很短暫，不可能永遠維持。例如，為了吃一餐飯，我們必須先花上很長的時間來做準備工作，才能吃到豐盛的菜餚，但是享受美食的時間卻一眨眼就過了，所以快樂是很短暫的。

而且，苦與樂就像雙胞胎，不可能分開，樂的本身就是苦的結果，也是另一個苦的開始。兩頭苦的中間包含著樂，這就好像前後都是火，中間地帶雖然還沒有被火燒到，可是被兩面夾攻，仍然受到威脅。所以，樂的鄰居就是苦，俗話說「樂極生悲」，正在享樂的同時，就已經朝著苦的方向走了。

如果我們想要超越生命的痛苦，就要學著不被生死的問題所困擾或束縛。生死皆有因，生並不可喜可賀，死也並不無奈悲哀。貪生怕死是沒有用的，因為我們都在生死輪迴的苦海中，每個人都要面臨死亡，生命的過程就是如此，這是自然現象。所以毋須貪愛生、害怕死，貪生怕死只會造成痛苦，自尋煩惱。

我們要知道，死亡本身並不是一件可怕的事，死後還有另一個新的未來在等待著。就像白天工作太累，晚上非睡覺不可一樣，補充睡眠以後，第二天早上起床，又是嶄新的一天。

此外，生可以說是一個結果，利用這個結果，正好可以為死亡做準備。當我們死亡之後，世界上任何財產、名利都帶不走，只有業報隨身。所以，真正可以帶走的，是我們的慈悲心、智慧心和功德。因此，不必擔心死了以後會到哪裡去，看看自己現在有沒有「儲蓄」倒是眞的。利用現在的生命好好養精蓄銳，在這個世界上多做些功德，多帶一些好的業報到來生，就不必害怕死亡了。這就像我們在鄉下多賺一點錢，再到都市來做義工，這不是很好嗎？

由此可知，佛教雖然強調從生到死都是苦，但並不像一般人所認為的那麼消極，相反的，還能夠幫助我們消融對死亡的畏懼。佛法教導我們積極地儲蓄功德，在人間先做好人間淨土的工作，往生時才能帶著功德一起前往極樂淨土，這才是我們最好的歸宿，也才能擁有永恆、眞正的快樂。

自由自在的人際關係

現代社會的人際網絡愈來愈複雜，關係也愈來愈疏離淡泊，於是很多人都想遠離塵囂過隱居生活。但在這個世界上，想要單獨生存並不太可能，因爲我們一出生至少就與父母、家庭和家族產生了關係，長大以後在社會上求生存，同樣也離不開人群。而人與人之間，彼此互相需要，也互相提供服務。所以，在我們從出生到死亡的過程之中，總是和別人在一起，無法完全脫離社會關係而離群索居。

人與人之間的關係，叫做「人間」，釋迦牟尼佛就是體會了人間的各種痛苦、煩惱，才悟道成佛。事實上，佛法所說的「八苦」中的「怨憎會」與「愛別離」，就是兩種來自人際關係的痛苦，這也是每個人都無法避免的。

「怨憎會」，是指互相憎恨的人老是冤家路窄，常常見面。例如搬了新家之後，卻發現隔壁鄰居正好就是你昔日的冤家；或是出差開會的時候，心中才在想著，在這裡應該不會遇到多年不見的冤家，沒想到在會場裡，第一個接待你的人就是他。

這是很奇妙的事，通常我們總是希望避免遇到討厭的人，可是在現實生活中卻不是如此。其實，人與人之間就因爲有緣，才會變成冤家。在還沒有把彼此的恩怨化解以前，就會常常遇在一起，彼此互相折磨。因此，在面對怨憎會之苦時，我們應該要主動向對方道歉、認錯，並且好好地與他溝通。唯有面對誤會，才能眞的化解。

至於「愛別離」，就是指彼此相親相愛的人，卻相隔千里而不能相聚，甚至天人永隔。每個人都有親人以及所愛的人，當情感互相依恃的雙方分離時，都會讓人感到相當不習慣和痛苦。特別是當其中一人先過世時，另一個人就像是失去伴侶的孤雁一樣，那種情況是非常凄慘、悲哀、痛苦的。

然而，這種凄慘悲哀究竟是誰造成的呢？曾經有一位太太因爲先生過世而痛哭流涕，我問她：「妳哭得這樣傷心，究竟是爲了誰呢？」她回答：「當然是爲了我先生！他拋下我就走了，剩下我一個人孤伶伶的在世界上，實在太殘忍了。」自己的先生都已經死了，還說他殘忍，可見她並不是眞的爲了往生者而哭，而是爲了自己失去丈夫而傷心，這就是以自我爲出發點而產生的痛苦和哀傷。

所以，當我們面對親人的死亡，首先要問一問自己，感到悲傷的原因，究竟是不是自私心在作祟？如果眞的是爲對方設想，就該明白人死不能復生，哭泣不但幫不上忙，倘若亡者有靈，反而徒惹對方傷心。我們眞正應該做的是，多爲他念佛迴向，並且誠心祈願他能夠往生西方。

另外，如果親人是爲了讀書、求職或發展前途而遠離家門，那就更不應該感到悲傷，而是應該採取鼓勵的態度來支持他。

無論是「怨憎會」或「愛別離」，都不要因爲自私的想法而讓自己受更多的苦。唯有承受得住與親愛的人分離、勇於面對做人的難處，放下層層的自我執著，才能使我們在人生及修行的道路上走得更灑脫自在。

真正懂得感情的人

有人說，出家人離開了家庭、父母、親友，所以不需要有感情；也有人說出家人既不結婚，也沒有兒女，所以根本不懂得什麼是感情。其實無論是人與人，或是人與其他眾生之間，一定都有感情，如果沒有感情，就不能算是個人了。

佛教稱眾生為「有情」，所謂有情就是指「有感情」。感情可以分成家人之間的親情、朋友之間的友情，以及男女之間的愛情等。出家人一樣有父母、有朋友，所以除了男女之間的愛情之外，也同樣有親情和友情。

到目前為止，我仍然持續地照顧我的親人，我也告訴我的弟子們，即使出了家，對自己的父母還是要照顧，如果是出家前自己生的孩子，出家之後也還是要常常關心他。這雖然也是一種感情的表現，但經過淨化之後，已經是一種非常清淨的感情，也就是所謂的「慈悲」。慈悲融合了感情的成分在內，可說是一種感情的昇華。

面對感情時，還可以分爲「俗情」與「道情」。俗情指的是在紅塵俗世中，人與人之間糾纏不清、彼此牽絆的感情；而道情則是指修道人與修道人之間的感情，出家人將友誼進一步昇華爲道情，是彼此互相照顧關懷，該怎麼照顧就怎麼照顧、該怎麼關懷就怎麼關懷，而不會剪不斷、理還亂。法鼓山目前所提倡的大關懷教育，就是運用關懷來達成教育的目的，同時再以教育來幫助大家成長，以提昇從事關懷工作的能力及工作品質，而這種關懷就是道情。

一般人多半還是在俗情的泥淖裡打滾，所以修行佛法的目的，就是在幫助我們將感情昇華，從「有情」變成「覺有情」。所謂「覺有情」就是菩薩，菩薩的梵文是bodhisattva（菩提薩埵），「菩提」有覺悟、覺醒的意思，而「薩埵」的意思就是情，指的是有情眾生。所以，菩薩就是「已經覺悟了的有情眾生」，而且不僅自己覺悟，同時還能幫助其他有情眾生從煩惱、痛苦、糾纏不清的苦海之中覺醒過來。

佛陀本身也有情感，只是佛陀的情感是慈悲，這是關愛一切眾生的無限情感。這一切眾生當中，當然也包括了自己的兒女、配偶、父母以及朋友。慈悲之人雖然沒有特定的對象，但一定會有親疏、遠近、先後之別，先接近的人就是與他有緣的人。

佛陀開悟以後，首先想到要度化的就是幫助他最多、協助他修道的五個隨從，於是就先到鹿野苑爲五比丘開示佛法的基本道理「四聖諦」。接著再度的是他的母親摩耶夫人，因爲此時她已經生上忉利天，所以佛陀就到天上爲母親說法。最後，他還要度他俗家的父親、太太、姨母、孩子，因此佛陀又利用探親的機會，回到自己的國家，用正法來幫助他們。

所以，由佛陀的例子就可看出，無論是出家人或是佛菩薩們，不但都有感情生活，而且才是眞正懂得感情的人。

不再為情所困

「情」是什麼？「情」就是感情，可以分成親情、愛情、友情和道情四個類別。佛教雖然要人離欲、萬緣放下，但並不是要人變得無情，因爲人本來就是有情眾生，還沒有達到阿羅漢、佛菩薩解脫的境界，所以有凡人的感情是正常的。

在這四種感情之中，父母對兒女的情是最純粹的，只有付出，不求回報；朋友之間的友情則是道義關係，俗話說：「君子之交淡如水」，所以並不像親情或愛情那麼強烈；而道情則是指修道人之間，互相關懷、勉勵、協助的感情。

愛情則比較複雜，雖然眞正的愛情也是無條件的付出，但是卻很少見，多半還是以占有、控制爲出發點。這和人類安全感的需求有關，因爲誰都不希望和他人分享自己所擁有的，所以愛情通常是最痛苦的，但也是最甜蜜的。因此，愛情是四種感情中最難處理、也最容易發生問題的。俗語說：「天若有情天亦老」，可見「情」是多麼折磨人。相愛的人在感情好的時候，如膠似漆分不開，但是一旦愛過了頭，就變成了苦，不再甜蜜。

眞正的愛情應該要像中國人所說的「相敬如賓」，彼此之間互相關懷照顧、體諒尊重，如果遇到挫折，就一起想辦法彌補挽救，這樣的愛情才能夠維繫持久。因爲夫妻兩人，本來就男女有別，是不同的個體，怎麼可能完全一條心、沒有爭執呢?所以，如果希望避免吵架，最好還是學習尊重對方、感謝對方，這樣即使想要吵架也吵不起來了。

另外，年輕的男女朋友在交往過程中，經常會發生一方非常熱情，另一方卻難以接受的情形，所以難免會失戀，不僅打擊自尊，心裡也會受到很大的創傷。失戀一定有其原因，因爲愛情應該是雙向的，不能一廂情願，如果對方不愛你，就不要單戀一枝花、苦苦追求，這時應該知趣，不要再花那麼多心思與時間在感情上面。不過有些人就是死心眼，非卿不娶、非君不嫁，不但爲對方帶來困擾，也會讓自己陷入困境。其實，如果對方已經知道自己的心意，但還是不爲所動，此時，放棄才是明智之舉！

話雖如此，可是人非草木，孰能無情？芸芸眾生還是常常爲情所苦、爲情所困，要把感情完全放下是很不容易的。我們常常在報紙上看到有人爲了感情問題而輕生，結束了自己的生命；也有人爲情殺人，抱著「你讓我這麼痛苦，我也不讓你快活」，或是「我得不到你，其他人也別想得到你」的想法，一不做二不休，就把對方殺了；或甚至玉石俱焚，殺了對方之後，自己也跟著自殺。

發生這種因愛生恨的情況是很不幸的，也是非常不理智的，對對方來說也非常不公平。以佛法的觀點而言，這些都是很愚癡的行爲，因爲成就一段姻緣，需要雙方你情我願，有因有緣才能成就，並不是自己想要就非得到不可，得不到就把對方毀了。

如果眞的能理解這一層，就會退一步、換個方向思考，反正「天涯何處無芳草」，如果這個人不接受自己的感情，另外還有其他人啊！只要活下去，就一定有希望，實在不必爲了失去所愛而懷憂喪志。

讓愛情發揮正面的力量

「愛」本是一種値得歌頌的高貴情操，人間也因爲有愛而充滿了欣欣向榮的生機。但是近幾年來，國內卻經常發生情殺的悲劇，這是因爲人們不明白愛的眞諦。

愛可以分爲「自私的愛」和「奉獻的愛」，奉獻的愛就是慈悲，也就是現代人所謂的「大愛」；而自私的愛就是占有的愛，亦即一般人所說的「愛情」。

雖然愛情之中也不乏可貴者，但多半都是以占有對方爲目的，希望彼此互相擁有。因此戀愛時，看起來雖然好像是無條件的奉獻，其實是以爭取對方全部的感情爲目的。只要在占有的過程中，和自己的期望有一點落差，或是不符合自己的心意，就會產生抗拒、怨恨、懷疑的心理，進而由愛生恨。

男女之間的愛，要完全無私是不可能的，在戀愛的過程中，最容易產生的就是嫉妒的情緒，之後就變成你爭我奪，特別是三角戀情，問題更形嚴重，往往是愛恨交加、恩怨難分。

這是因爲以自私爲出發點的愛，會將目的放在搶奪、爭取、占有上，所以才會產生「愛之欲其生，惡之欲其死」這麼激烈的情緒變化。假設受了阻礙、達不成目的，最後所有的付出都落空了，免不了會心生怨恨，於是心想：「自己得不到的，天下人也別想得到」，此時也不考慮會造成什麼後果，一怒之下就毀掉對方，甚至玉石俱焚也在所不惜，很多愛情悲劇都是這樣發生的。

另外，有的人一旦陷入戀愛就會變得相當盲目，只是爲了愛而愛，完全不考慮其他現實因素，這就是迷戀。迷戀的原因，有可能是爲了滿足自己的情欲，也可能像一般人所說的「情人眼裡出西施」，沉迷在自己的幻想中，此時眼中的對方是全世界最完美的，根本無心去瞭解對方到底是什麼樣的人。其實，他所愛的早已不是眞正的對方，只是自己的幻想罷了。因此，迷戀通常沒有什麼好結果，這種夢遲早都會醒的。

爲什麼有人會說：「婚姻是戀愛的墳墓」？婚前談戀愛的時候，彼此會掩飾、隱藏，甚至美化缺點，等到結婚以後，夫妻兩人眞正生活在一起時，彼此的缺點、問題就會逐漸浮現。所以戀愛中的男女要小心，千萬不要活在夢幻中，也不要被愛情沖昏了頭！

眞正的愛是需要不斷學習的，要學習讓愛情發揮正面的力量，而不要把它轉變成負面的力量。戀愛是爲了選擇合適的終身伴侶，兩人之間的相處，不僅要「君子之交淡如水」，而且要「相敬如賓」，也就是互相尊敬、關懷，接受並包容對方的缺點，同時也學習對方的優點。掌握住愛情平順溫和、純潔高尚的本質，彼此之間才會相處融洽，也才能共同成長。像這樣能夠發揮正面力量的愛情，才是眞正的愛情。

心理健康了，身體才會健康

當我們觀察周遭的人時，常常可以發現，性情暴躁、容易爲小事動怒的人，身體大多也有些毛病，例如肝功能不好、內分泌失調等。而每逢心情頹喪、悲觀厭世時，正好也是精疲力竭的時候，身體所供給的能量不足以應付各種事務，因此，我們很容易把一個人的性情歸諸於身體的影響。

身體的病痛的確有可能影響心理的健康，不過可以確定的是，心是身體的主人，如果心理脆弱、不健全，一定會影響自己的健康狀況。所以，身體上的缺陷或病障可以從調整心理狀態來改善。

首先，我們要接受人的身體本來就有病痛的事實。曾經有人問我，什麼人不生病？我回答他說：「不生病的人已經死了，而沒有病的人還沒出生。」因爲死了的人不會生病，出生以前也沒有疾病可言，除了這兩種人以外，沒有人是不生病的。

生老病死是自然的法則，從出生開始，我們就不斷經歷老化的過程，而且在遺傳因子裡，人人都帶著病因，也就是一出生就已經有病，並非等到年老才會生病。

所以，無論是否感覺得到，實際上每個人的身體都有病痛。像我從小就病懨懨的，但因爲知道自己的身體羸弱，所以我會照顧自己，不暴飲暴食，也不過度勞累，因此到現在還活得好好的。也正因爲生病，讓我覺得自己的福報不夠、業障很重，所以才懂得慚愧。因此，生病對我來說，反而是因禍得福。

反觀有些人雖然從不生病，但一生病就回天乏術，這是因爲他從來都不知道自己身上早就潛伏著病灶，不懂得好好愛惜身體，當醫生發現時，已經爲時已晚。

由此看來，能夠感覺到自己有病的人是很幸福的！但我們也不需要常常活在疾病的恐懼不安之中。例如，我有一位朋友老是抱怨說，自己這裡有病、那裡有病，要不然就說自己活不到下個月了！這樣的話語不論對他人或自己都是不好的暗示，也會造成不好的影響，並不是正常的心態。

因此，平常我們要抱持「生病乃人生之常態」的觀念來愛惜身體，當眞正生病時，則要避免疾病對心理造成的不良影響。有些人發現自己生病後，就像洩了氣的汽球，以爲自己沒有希望、就快要死了。其實，既然生了病就要治病，並且要將心情提振起來。能提早發現身體有病，就能夠多加愛護、保養、治療。至少你還不會馬上死，還有時間處理很多事！所以，發現自己生病了，不正是一件値得高興的事嗎？

再以佛教的觀點來看，我們過去世造了很多業，所以當病痛來襲、身體感到不舒服時，要認爲這是藉由生病來還報、還債的。能夠還債表示你還有本錢，有本錢還債才能「無債一身輕」，這是値得安慰的。另外，佛教也有一句名言：「比丘常帶三分病。」這說明了疾病是助道、得道的因緣，因此常常生病的人，就能帶病延年，反而能夠長壽。

以上這些觀念都能幫助我們正視疾病，如果善加運用這種心態來處理自己的問題，雖然身體不舒服，還是能隨時隨地將自己的性情調整過來。如此一來，每天就都能保持開朗、愉快的心情了。

超越別離的痛苦

「月有陰晴圓缺，人有悲歡離合」，天下沒有不散的筵席，而人是血肉之軀，和心愛的人分離時，難免會心生憂苦、潸然淚下，而這就是佛教所說的「愛別離苦」。

人與人之間的情感可分成親子之愛、男女之愛、朋友之愛等，其中親子之愛與男女之愛是最親密、最甜蜜的，一旦面臨生離死別，也是最痛苦的。至於朋友之間的情感就比較淡一點，但如果是情感眞摯、生死與共的朋友，分離時心裡也一樣會很難受。

親子之愛主要是站在父母的立場來看孩子，因爲從孩子的立場來看父母，感覺上沒有那麼濃厚，也沒有那麼強烈。但是父母對自己的子女卻非常執著，因爲從小拉拔到大，在長大成人之前，總是跟在自己身邊。所以當孩子的翅膀長硬了，即將離家的時候，都會捨不得，感到相當痛苦。有些父母甚至爲了兒女要出國留學就痛哭流涕，這看起來雖然莫名其妙，卻也是人之常情，這就是「愛別離苦」。

其實在兒女出生後、年紀還小時，父母就要有心理準備，因爲孩子最終一定會離家，再怎麼捨不得也要捨得。只要心裡有準備，當離別的時刻一到，就不會覺得那麼苦。如果平時連一點心理準備都沒有，只是一味的捨不得孩子離開，到最後面臨非捨不可的時刻，就更加痛苦了。

另外，男女之愛的別離也是相當痛苦的，通常愛得愈深，就會愈痛苦；愛得淺一些，則會好受一些。因此新婚夫妻或是熱戀中的男女，如果不得不分離，當然是一件非常痛苦的事。

幸好我是個出家人，當年跟著軍隊從中國大陸到台灣來的時候，沒有太多親情、愛情的牽掛，因此輕輕鬆鬆就進了部隊、上了船。可是我記得當時看到好多軍中的同袍，他們有父母、也有女朋友，所以要走的時候很難割捨。還沒上船之前，依依不捨，你看著我、我看著你，殷勤叮嚀，上船以後失魂落魄，一直到了台灣，心裡想到的、晚上夢到的，都還是在大陸的親人、愛人，有時候還會偷偷地流眼淚，相當痛苦，這就是愛別離苦。

我想，人與人之間只要有一份愛，無論是友情、愛情或親情，離別的時候都是痛苦的。即使我出家當了法師，但我也是有血有肉的人，對於親人之間的分離，一開始也有難捨的感受。例如，我十四歲出家時，我的母親因爲捨不得而哭，我也跟著流眼淚。上山大約一年多以後，有一次母親前來探望，在山上只住了一天就要回去了，我的母親雖然捨不得下山，但是又不能讓我跟著回去，這種欲走還留的掙扎，也讓我心裡感到很悲傷。

可是我轉念一想，就在心裡發願：這一生要以此父母所生的身體來報答父母。也就是將我有限的生命，奉獻給世界上更多的人，使他們都能從佛法中得到利益，藉此來報答父母的恩情，否則，即使與父母常相左右，也不見得能有機會報恩。這樣轉念後，心裡就覺得比較安慰，離別所帶來的痛苦，也就淡一些了。

有聚有散才能成長

俗話說：「天若有情天亦老」，可見愛情、友情、親情雖然能帶給我們很多的溫暖，卻也充滿痛苦的催折，尤其是生離死別時，更是讓人痛苦。因此有人以爲，只要將情感斬斷，就再也不會痛苦了！然而如同佛所說，眾生都是「有情」，就是因爲眾生有愛的緣故。

眾生最愛的是自己的生命，其次則是和自己生命相關的人、事、物。親情由第一代傳到第二代，象徵了生命的延續。愛情也是一樣，因爲有了男女的結合，才有後代的出現，因此這個結合也和自己生命的延續有關。至於友情，雖然和生命的延續並沒有那麼直接的關係，但是人活在世界上，一定需要養分，除了飲食的養分之外，還必須從精神上獲得滋養，而友情就是最好的精神滋養，所以友情和生命還是有關係的。

既然情愛和生命息息相關，無論是否定它，或者是硬生生地把它切斷，都不合乎世間的法則，也不合乎人情的道理。從佛法的立場來看，無論是親情、愛情或友情，都是因緣所生，有因有緣才使得大家生活、聚集在一起，也才能夠彼此互相合作。但是我們要明白，因緣聚散是天經地義的，就如我們常常聽人說：「天有不測風雲，人有旦夕禍福」，或是「月有陰晴圓缺，人有悲歡離合」，可見生、死、聚、散都是正常的事。

既然聚散是必然的事實，那就沒有什麼好痛苦的了。佛法常常教人要用平常心來看待所有一切發生的事，這樣在相聚時，就不會太過興奮，而分離時，也不會那麼憂苦。而且，人生在世，就是要有聚有散才能成長、有生有滅才能進步，如果沒有生滅變幻，我們就會老是停留在同一個現象之中，不但覺得很無聊，也不能夠成長。例如，今天和這兩個人在一起，明天又和另外兩個人在一起，這樣就能把原本的人際網絡擴大了，人際網絡一旦擴大，生命的層面就會擴大，而層次也將提高。

所以，聚散的過程其實是讓我們成長的一種力量，因爲層次和層面的提高、擴大，使我們的生命過程更充實、更飽滿，也更加多彩多姿，這不是一件很好的事嗎？

更何況，離別既然也在生滅變異之中，所以它也是一種暫時的現象，一時的分離並不表示永遠都不能再見面了。而且今天這個時代，我們可以隨時隨地透過網路聯絡，即使相隔遙遠，也能立刻與對方面對面談話。而人是高等動物，本來就著重精神的交流，就算身體沒有在一起，仍然可以隨時隨地互通有無、互通訊息，離別也就不再顯得那麼痛苦了。

其實，離別之所以讓人感到痛苦，問題的關鍵仍在於大家難免都希望自己喜歡、執著的，能永遠留在自己身旁，這才是使情愛變得痛苦的眞正原因。所以，只要轉變自己的心境和看法，以平常心來看待離別，並且掌握聚散離合所帶來的成長契機，就不會再爲離別而擔心苦惱了。

找到幸福的起點

知足是幸福的起點

幸福是每個人都希望得到的，但在追求的過程中，有多少人漏失了唾手可得的幸福？又有多少人身在福中不知福？很多人窮盡一生的心力追求幸福，換來的卻只是白髮蒼蒼和一聲聲的唏嘘，這都是因爲他們不明白幸福的眞諦。

雖然財富、健康、名位、權勢都是一般人所喜愛的，但這些並不等於幸福。幸福的眞諦應該是「平安就是福」，能不能夠平安雖然和外在環境有關係，但是決定性的關鍵，還是在於主觀的自我心態——如果自己的心態能平安、知足，就是幸福；如果不知足，要獲得幸福就很難。

眞正的知足是「多也知足，少也知足，沒有也知足」，這是平安常樂的基本條件。不過，「多也知足」還容易理解，「少也知足」和「沒有也知足」就很難體會了。一般人大概會覺得納悶：「東西都不夠用了，要怎麼知足呢？更何況當什麼都沒有時，講知足不是很奇怪嗎？」

其實，東西多不一定就能滿足，因爲世界上沒有一樣東西是眞正、絕對的多，所有的「多」都是透過相對、比較而來的。而且，即使眞的擁有很多，既不可能永恆不變，也不可能永遠維持正面的成長。所以，當「有」的時候就應該知足，至於「少」或「沒有」也是一樣，因爲「少」或「沒有」都可能是「有」的開始。

因此，無論將來「有」或「沒有」，都一樣要努力，不要和別人比較、不要和過去比較、也不要和未來比較。只要活著，就要憑自己的心力來做事，如果做錯了事，就要懂得懺悔、反省；如果做得不夠好，就要繼續努力把它做好、力求完美，以求不愧於天、地及自己的良心，這就叫做「知足」。

我常常向弟子們講一個比喻：「不知足的人就像生活在米缸裡的老鼠，

不知道自己的身邊都是可以吃的米，卻在米缸裡撒尿、拉屎，把米缸弄髒了，才又跳出去找東西吃。不但身在福中不知福，還糟蹋了自己的福報。」例如，雖然在禪堂裡有很好的環境供大家修行，還有老師指導修行方法，但是很多人仍然想著：「這個方法不好、這個修行場地很差、我的身體很不舒服……」，用這些藉口來拖延自己的修行，不就像是米缸裡的老鼠嗎？

因爲缺乏感恩、知足的心，得到利益以後不但不會滿足，而且還會嫌棄別人把不要的東西送給他們，這就是身在福中不知福。此外，我們也要常常想到，自己的福報是從過去生中帶來的。所以，這一生要好好的惜福、培福，不要糟蹋了自己的福報。

一個眞正知足的人，能夠瞭解「進退自如」的道理。退的時候，他不會怨天尤人，也不會認爲是老天瞎了眼、自己生不逢時；進的時候，他則會心懷感謝地想：「如果不是我過去修來的福報，就是別人對我太好了。因爲得到許多人的幫助，我現在才能這麼順利，無論得多、得少我都很感激。」

所以，一個人如果不培福、惜福，卻老是在享福，福報就會愈來愈少，幸福的日子總有結束的一天。一個懂得知足、惜福、培福的人，當遭逢逆境時不會抱怨，在一帆風順時則懂得感謝，無論何時何地都感到心滿意足，才是個眞正幸福的人。

在不斷的錯誤中學習

我們常說，「修行」就是「修正自己的行為」，可見修行必須要有修正的對象。因此，每一個人無論在待人處世、行住坐臥，或是起心動念之間，時時刻刻都需要反省、檢討，才能對自己的行為加以改正，否則就是盲修瞎練、浪費光陰。曾子也曾說過：「吾日三省吾身」，勸勉自己每天都要自我反省，由此可見，正確的反省有多麼重要。

反省首重「慚愧心」：不應該做錯卻做錯了、應該可以做得更好卻沒有做好，這些都要感到慚愧。我們常聽人說：「多做多錯，少做少錯，不做就不錯」，其實這是一種錯誤的觀念。因為無論我們做任何事，都不可能一下子就做得盡善盡美，也不可能永遠不做錯事、不動壞念頭。所以，不需要害怕做錯事、動壞念頭，怕的只是做錯了事、動了壞念頭，自己卻渾然不覺。而我們唯有藉著不斷地反省、檢查，才能看清自己是否做錯了事、說錯了話、動錯了念頭。

禪宗的祖師大德也告訴我們，當我們用修行方法來檢查自己的心時，就可以發現在每個起心動念之間，處處都是錯的，眞正想對、做對的事情其實很少。因爲錯誤和正確其實只是大小、程度的深淺之分而已，世上並沒有絕對正確的事。因此，身爲一個佛教徒，不僅要反省自己的言語、身體的行爲，即便是起心動念之間，也要清清楚楚地覺察。例如，自己的想法或行爲會不會傷害人？如果想要幫助人，也要問一問幫助得夠不夠、是不是恰到好處？這些都是應該隨時隨地自我反省、警惕的。有了自知之明，知道問題所在之後，才能加以改善，這才是最重要的。

現在社會上有許多人，無論是大人物或小人物，說話都不算數，也不負責任，不知道自己究竟講過什麼話，即使講過了，也賴皮說自己沒有講。他們有可能還記得自己說錯話了，也可能眞的忘記了。這些都是因爲缺乏反省的工夫，所以幾年前、幾天前，甚至剛剛才講過的話，都不記得了。

有時候我自己說錯了話，也有可能記不清楚，當別人指正我時，我都會說：「很抱歉，我眞的說錯了。」因爲每個人都會有盲點，所以需要別人來協助我們反省。如果別人指出自己的缺失，自己卻不認帳，反而指責對方胡言亂語，認爲自己一定是對的，這個人就無可救藥了。

但是，如果你眞是對的，卻遭到他人的糾正，也沒有關係。因爲無論對方說對或說錯，當別人指正你時，總是存著一片好心，所以都要對他說一聲「謝謝」，即使對方不懷好意，也一樣要感謝他。因爲他願意當面告訴你，而不是躲在背後批評你，就算別人在背後批評你，也要想到，至少對方是關心自己才會這麼做。

所以，人生應該在不斷地錯誤中學習，發現錯誤、改進錯誤，然後才會逐漸進步、成長。反省的功課，一方面要靠自己覺察、自我改正；另一方面則要在他人指正我們之後，再自我檢討，這是使自己不斷成長、不斷成熟的最好方法。

感謝抱怨的人

無論是在家庭裡或是在工作場合中，我們常常都會聽到抱怨的聲音，有的是抱怨配偶不體貼、孩子不聽話，有的則是抱怨老闆、同事，另外還有人抱怨政府決策、社會環境……，其實，抱怨只會使自己的情緒更低落，於事無補。

當然，抱怨並非全然無理取鬧，就是因爲認爲自己有道理，卻受了委屈、損失或冤枉，或是認爲對方頭腦不清楚、說話不謹慎、處理事情不恰當，而且做事方法有問題，所以看不順眼、聽不習慣，才會抱怨。當下爲了顧全自己的面子，往往敢怒不敢言，也不敢當面發作，只敢在對方的背後頻頻抱怨，把心中的不滿告訴其他同事、朋友們，以宣洩自己內心的不平衡。

往往這樣發洩完之後，雖然在情緒上暫時可以得到一些平衡作用，可是在背後抱怨對方的言語，一不小心就會傳到當事人的耳朵裡，對方可能會覺得你這個人不夠忠誠、不夠朋友、不夠義氣，反而讓事情更複雜。因此，抱怨不但無濟於事，還會增加自己無謂的困擾。所以，我們最好不要抱怨，有任何問題都可以反應、溝通、請示、建議，或是透過種種不同的管道來表達自己的意見、說出自己想說的話，不需要用抱怨的方式來出悶氣。

其實，每個人的內心深處都希望知道自己有哪些缺點，就像很多商家都會貼著「把我們的缺點告訴我們，把我們的優點告訴大家。」的標語。只是有些人心量很小，只喜歡聽恭維、奉承的話，如果你對他說一些逆耳的忠言，他不但不會知錯，還會加以搪塞。你要是向他抱怨，他可能會反過來訓斥你一頓，認爲問題不是出在他身上，而是你犯了錯誤，他自己可是一點錯誤也沒有。

抱怨的言語的確會令人感到不舒服，然而我們卻應該要培養接受抱怨的雅量。孔夫子曾說：「聞過而喜」，意思是說，當我們聽到別人的批評指責時，應該要感到歡喜。無論是當面的批評，或是背後的抱怨，甚至是千夫所指，把你點點滴滴的錯誤、缺點，都當眾一一地指出來時，還是要保持君子的心胸氣度。因爲一個能夠接納各方面指正的人，才能眞正的成長，讓自己變得更健全、更完美。

雖然有時候別人的批評指責不一定正確，也要發揮忍辱的精神，無論對方說對說錯，都還是要謝謝對方。而且別人既然願意給我們批評指正，就表示對我們有所期待，如果他對我們不抱任何期望，就不會有這些評語了。因此，這些批評對我們而言，反而是一種鼓勵和幫助。

最後，我們要記得關於「抱怨」的兩大原則：第一、不要抱怨任何人；第二、聽到別人抱怨自己時，不要難過，也不要把對方當成仇人。更進一步，當我們被別人指責、抱怨時，還能夠發自內心感謝對方，不但能成爲儒家所說的君子，也能成爲一個修忍辱行的菩薩。

化自私的欲望為奉獻的願望

佛教的觀念認爲，人生除了生、老、病、死四大基本苦惱之外，還有一種苦叫做「求不得苦」，也就是欲求無法滿足時所產生的痛苦。

人類都有追求溫飽、安全、自尊、自由的本能，而這種本能來自於人性的需要，當這些需要受到嚴重挫折時，人們往往會有求死的傾向。有些人會因爲所求不得而尋死，通常這種人無論追求任何東西，都非常熱切、渴望，所以拚了老命去爭取，當所求不得、欲求滿足不了時，就連生命都不要了。例如，有些人殉情、爲情自殺，也有些人因爲考不上第一志願、進不了某一所大學而覺得萬念俱灰、顏面盡失，就此了結自己的生命。

不過，像這樣爲了求不到愛情、名利或地位而自殺的人，畢竟還是少數極端的例子，一般人還不至於如此。可是，如果自己的欲望不能滿足，或是得不到自己想追求的東西時，大部分的人還是會受到非常大的衝擊和挫折，甚至一輩子都受到影響，而變得非常消極，認為自己是個失敗者，這輩子已與成功絕緣。因此無論在任何場合，都無法與人競爭，再也提不起繼續奮鬥的信心。由此看來，求而不得是非常難以忍受的事。如果自己得不到，而他人（尤其是自己的競爭者、仇敵）卻得到了，那就更難堪、更難以忍受了。

爲了化解求而不得所帶來的痛苦，佛教教導我們要少欲知足、清心寡欲，才不會受到本能及欲望的干擾，而走上毀滅之路。所謂「少欲」，就是指對基本生活所需之外的東西，不做非分之想。如果基本的生活所需已經齊備了，就滿足於現狀，不再做過分的貪求，就是「知足」。

例如，我們本來只要有一棟房子就夠住了，但是有些人爲了炫耀財富，就買了好幾棟房子來表現自己非常有錢。而保暖的衣服，只要有兩三套以備換洗就夠穿了，但是有些人卻擁有幾十套，甚至一整個衣帽間，從上到下都塞滿了衣服，這都是因爲不懂得知足。

像這樣爲了滿足一己私欲的貪求，而過分追求個人的享受，就叫做「欲望」。欲望是自私的，會爲我們帶來煩惱，甚至帶來殺身之禍。可是，如果是爲了眾人的利益而努力、爲了眾人的福利而奉獻，就不叫做「欲」，而稱爲「願」。願心是爲眾人而發的，是清淨的，不會帶來煩惱的。例如，發願透過自己的努力奉獻，使眾人得到快樂、幸福和便利，就是清淨的願心。

因此，少欲知足並不是什麼事都不做、不努力、不爭取，也不是失去任何希望。否則，便會誤以爲行菩薩道和成佛也是一種欲望，於是就不行菩薩道、也不想成佛了。這種觀念並不合乎佛法的精神，行菩薩道與成佛並不是「欲」，而是「願」，而且是許下了很大的悲願。

所謂「知足者常樂，少欲者離苦」，我們不但自己要做到少欲知足，以避免「求不得」所帶來的痛苦，還要進一步爲眾人設想，把自己的努力奉獻給眾人、爲眾人服務，使眾人都能夠遠離痛苦，得到眞正的快樂。

什麼都不求

在人的一生之中，所要追求的東西太多了：沒有錢的時候求財，沒有名的時候求名，沒有地位的時候求地位，沒有孩子的人求子嗣；還沒有結婚的人，就希望求得美嬌娘或如意郎君。此外，世界上還有很多宗教、神明，專門標榜「有求必應」，當有人覺得內心不平安，就會抽籤問卜、祈願平安，這也是一種祈求。如此看來，一無所求的人其實很少。

在這些祈求之中，有些合理、有些不合理。有些人求人、求神，當然也有求佛菩薩的，但都不一定想求就可以求得到。如果是合理的追求當然不為過，例如健康、長壽、平安、學問、功名等，都是人人想要的，並沒有什麼不好，如果能夠如願以償，當然很歡喜。但是，在這個世界上，不可能事事都如你所願，有些過分的奢求根本不可能實現，只會帶來痛苦。例如，有些年紀很大的人生了重病，或是已經患了不治之症，還祈求神明保佑自己不會死，這種虛妄的執著與期待，就是痛苦的根源。所以，很多人都飽受求而不得的痛苦，也就是佛法所說的「八苦」之一：求不得苦。

在現實生活中，的確有人要什麼、有什麼，好像能夠呼風喚雨、操控自己的命運。其實，這是因爲有時勢、環境的配合，才能剛好讓他得心應手、樣樣都如他的意。但一個人不可能永遠都這麼好運，好運氣不一定總是跟著他，一旦倒楣的時候，也會樣樣都落空，一樣非常痛苦。

所以，想要化解「求不得」所帶來的痛苦，首先還是要分清楚什麼是合理的需求。「求」有時是一種需要，有時則是一種欲望，而欲望並不等於需要。例如，有些人在台灣已經擁有一棟房子，卻仍希望在香港、美國、大陸再各擁有一棟，這就不是「需要」，而是「欲望」了。像這樣過分的欲望，就算短期之內能夠滿足，卻不可能長久維持。當所求落空時，不免帶來失望與痛苦。

可是，即使是合理的需要，有時也不一定能夠如願以償，因爲，「求」還能分成「爲己求」與「爲人求」兩個層次。如果是自私自利的「爲己求」，求到之後雖然很快樂，但難免擔心總有一天會失去，而老是處在缺乏安全感的痛苦中。如果是「爲人求」，因爲是抱持著「得到固然很好，得不到也無所謂」的心態，比較不容易感受到所求不得的痛苦。

就以我個人爲例，我從來沒有想過這一生必須追求什麼目標，但是我有一個大方向，如果能夠順利走完全程當然最好，萬一達不到也沒有關係。因爲那是因緣不成熟的關係，與我個人的得失無關，但如果是爲個人追求而得不到，可能就會很痛苦。

所以，「爲己求」是痛苦的，「爲人求」雖然比「爲己求」略勝一籌，但最好還是什麼都不求。如果能夠什麼都不求，只是不斷地努力耕耘、成長、奉獻，無論自己有多少力量都盡力爭取，得到了以後再奉獻給別人。在這個過程中所得到的快樂，是別人無法奪走的，這也才是眞正的快樂。

合乎因果的追求

一般人常以爲，佛法要我們什麼都不求，其實這是一種誤解。佛法雖然教我們不要「貪求」，但卻教我們要「求願」，如此一來，個人不會失去奮鬥的目標，社會也才有繼續進步的動力。

「求願」就是許願、發願，願自己朝著某個方向走，或是完成某件事。例如，佛教的「四弘誓願」說：「眾生無邊誓願度，煩惱無盡誓願斷，法門無量誓願學，佛道無上誓願成。」無論是要度無邊的眾生、斷無盡的煩惱，或是要學無量的法門，都是一種爲眾生無止盡學習的願心和願力。因此，求願是活到老、學到老，一輩子持續不斷地學習，並且要求自己種福、培福、多付出，也讓自己更進步。

而「貪求」則是無止盡的欲求，無論看見別人擁有什麼，自己都想擁有。例如，看見別人有一棟房子，就興起想要擁有一棟房子的念頭；如果別人擁有一輛進口車，則又轉念想要擁有一輛進口車。無論該不該要、能不能要、需不需要，凡是自己想要的，就要得到手。所以，貪求並沒有什麼道理，只是爲了滿足自己的欲望而求，是不切實際的。

有些人利欲熏心，爲了貪求不屬於自己的東西而走旁門左道，結果往往因而倒大楣。例如，金光黨就是專門利用人們貪小便宜的心理弱點，引誘人上當，來達成詐財的目的。此外，有些人雖不向人求，卻轉而向鬼神、佛菩薩求。例如到廟裡許願，等自己眞的發財了，再回到廟裡還願，爲神明「安金身」。不過，這種短暫利益的交換，只是一種賄賂神明的手段罷了。

就像在人世間有行賄、受賄的人，在鬼神界也有受賄的鬼神，但是，佛菩薩或是正派的神明是絕對不會受賄的。會受賄的鬼神就像人世間的貪官、污吏一樣，雖然能暫時滿足你的需求，好像眞的有點效果，但一時的利益總是像肥皂泡一樣虛幻，很快就消失了，換來的卻是無法自主的未來。即使是

「點石成金」的法術，事實上也只是一種障眼法，如果被點的東西本來就是一塊石頭，將來還會是一塊石頭。而神明或佛菩薩眞的應許了你的願望，也只是暫時預支自己的福報，以後還是要償還的。

因此，非分的貪求一定會帶來痛苦。即使求到了，也像是舉債借來的，借的愈多，將來要還的就愈多，現在的快樂就是將來的苦果。所以，如果不好好地努力培福、奉獻，罪過是很大的，將來要承受的因果責任難以想像，也許來世做牛做馬都還不起。

其實，人如果想求福報就要先努力培福，如果不培福，而光是享福，就等於是欠債，就像向他人借款一樣。所以，一個人該擁有多少就擁有多少，沒有人能夠平白無故地賺到錢、得到富貴。如果眞能不勞而獲，將來可能還要付出更多的代價。

站在佛法的立場，一般人求學、求職、求富貴都是應該的，但我們的追求應該要合理，而且要付出自己的努力作爲代價。其次，要明白權利、義務和責任的關係是並行的，我們如果要求福，就要先培福；要享受權利，就要先盡義務，這就是因果。只有合乎因果道理的追求，才是最好、最可靠的，否則就是貪求，即使勉強得到了，禍患也會跟著來。

所以，我們要用「求願」的方法，爲達成目標而努力奉獻，切勿用「貪求」、迷信的方法，否則會得不償失。

許一個不會落空的願

人人都有願望，但不一定所有的願望都能實現。願望會落空，是因爲通常我們都只重視眼前的一個小點，例如心中想要得到一朵花，一旦無法順利獲得，就會認爲自己的願望落空而覺得沮喪。其實，如果沒有花，能得到一枝草也不錯；即使沒有花、沒有草，能得到一根樹枝也很好；就算什麼都沒有，我們的心也不要受影響。

事實上，要爲他人、爲眾生所發的願，才能叫做「願」。如果只是爲了滿足一己的私心，則只是一種貪念，而建立在貪念之上的願望，當然很容易落空。既然眞正的「願」是爲了眾生而發，而眾生是無窮無盡的，所以我們的願永遠都不可能完滿。就如佛教所說的「虛空有盡，我願無窮」，一直到成佛爲止，我們的願都不可能全部滿足。因此，願只是一個方向、一個希望，指引我們不斷地往前走而不偏廢。

然而成佛以後，願眞的就完全實現了嗎？雖然十方世界中已經有許多佛，可是還有那麼多尚未成佛的眾生有待得度。所以，成佛以後還是要不斷依照著自己的願力往前走，而且是永遠都走不完的。例如，自從釋迦牟尼成佛以來，雖然他自己已經沒有事了，但他才眞正開始要度眾生，而眾生無窮，自己的願力當然就是無窮的。

所以，當我們對於願望的實現感到心有餘而力不足時，千萬不要太在意，只要明白自己有這份心就夠了，對於尚未完成的部分，仍然要秉持初衷繼續做下去。這一次完成不了，還有下一次，即使這一生做不完，後代的子子孫孫都可以繼續努力。而且從佛教的立場來看，人的生命是由無限的生命過程所累積，一生只是一個過程，這一生過完了，還有下一生，永遠都有實現願望的機會。

另外，想要度眾生還需配合種種因緣，如果某個眾生得度的因緣成熟了，我才能夠度他，如果因緣尚未成熟，也不能只是等待因緣，而要先促成讓他得度的因緣。

例如二十年前，我在美國東岸弘法時，雖然南北走了好幾遍，可是連一個徒弟也沒有，當時就有人對我說：「聖嚴法師，您的願好像落空了。」我說：「沒有落空，我今天是來撒網的，過一段時間再來收網、撈魚。即使沒有撈到也無妨，反正網已經撒下去了，總有一天會撈到魚的。也說不定是因為現在魚還太小，而我的網眼太大了，就算撈起來，魚又會從網裡跑掉。所以，等小魚長大變成大魚，自然就會進我的網了。」

二十年後，美國東部已經有很多人學佛，最後到底是不是由我去撈魚，已經不是重點。雖然我不一定能夠得到回饋，表面上好像願望落空了，然而撒網本身就是我的願心。就如佛教所說的「功不唐捐」，我們所做的任何努力絕對不會白費，一定會有它的功能，即使現在看不到，仍會在未來漸漸地展現出來。

因此，只要我們願意付出，一定會有所影響，雖然不知道能夠影響多少人，但是慢慢地一定會展現出效果。所以有了這樣的認知，我們都要爲眾生的福祉而發願，而這樣的願望是不會落空的。

轉化主觀的感受

沒有一個不變的「我」

在我們的生命過程中，心中諸多的煩惱現象，總是圍繞著「我」在打轉。爲了「我」，總是覺得不滿足、不自在，經常渴望、渴求著身外之物，不時的埋怨、懷疑、嫉妒、貪求、瞋恨，而造了種種業。等到必須受報時，往往又不希望受報，就像欠了債卻賴帳不還，因此又造了更多的業，這就是佛教所說的「五蘊熾盛苦」。

所謂的「五蘊」：色、受、想、行、識，就是我們身心的組成，也就是構成人身的要素，可以分成精神和物質兩個部分。物質的部分叫做「色」，它是形狀、形態的意思，也就是身體的物質現象。其餘四種都屬於心理、精神現象：其中「受」是感受的意思；「想」是在感受以後所產生的認知；

「行」則是在認知產生之後，興起應該如何處理、如何反應的決定。這三種屬於心理層次。

而第五蘊叫做「識」，識是我們生命的主體，是從出生到死亡、從此生到來生，是整個生命過程中的主體。當我們的身體和心理兩部分互相組合、影響之後，就會產生行爲、動作，行爲發生以後，就會形成一種力量，我們稱之爲「業力」，也就是我們的意識本質。行爲包括身體、語言、心理三方面，因此「識」就是由身、口、意的行爲所造成，並餘留下來的一股力量。我們現在造了意識的因，帶著這些意識，有可能在這一生就接受果報，也有可能到來生才受報。

一般人以爲「識」就是「靈魂」，但「靈魂」是持續不變、永遠相同的，而「識」卻不斷地變化著。只要繼續造業，無論是善業或惡業，識的成分都會隨著改變，當我們接受果報時，識的成分也會隨之不同。所以，接受果報的同時就在造因，造因的同時又會接受果報，如此循環不息，識的內容因此經常在變化。

所謂的「我」，其實就是由五蘊的身心現象結合而成的，這是一種因緣的和合，其中並沒有一個永恆不變的靈魂。所以，昨天的你和十年前的你是不一樣的，甚至一小時前的你和現在的你也不太一樣，不僅身體不一樣，我們的心理狀態、行爲模式和意識的內容也隨時在改變。因此，由五蘊所構成的我，是經常不斷變化的，根本不是眞正的我，也沒有一個不變的我。

「五蘊熾盛苦」的起因，就在於不明白我們生命的主體——識，是變動不拘的。《心經》中說，觀世音菩薩「照見五蘊皆空」，所以能「度一切苦厄」，而凡夫就是因爲不知道「五蘊皆空」，所以苦不堪言。

如果我們不知道「五蘊皆空」，五蘊就會變成製造煩惱的工具，不斷地產生煩惱，就像烈火燎原一般，爲我們帶來很多痛苦。能夠明白「五蘊皆空」，五蘊就不再製造煩惱，而轉變成修福、修慧的工具，幫助我們得到徹底的解脫。

隨時轉換主觀的感受

我們的身心是五蘊和合而成的，所以如果沒有「五蘊皆空」的智慧，就會執著五蘊所構成的自我，持續不斷地產生以自我爲中心的妄念，爲自己帶來很多煩惱與痛苦。

自我中心的妄念，是對自己的身體、想法、價值觀所產生的執著，這種執著有時會與客觀事實，以及環境裡的人、事、物產生對立，既然有對立，就容易發生磨擦、矛盾，並造成痛苦。在我們主觀的感覺上，好像事事都不能夠稱心如意，總覺得現實環境與自己的心意相違背，於是下雨時埋怨、天熱時也埋怨。其實，並不是外在環境有問題，而是我們總是執著自己的身體，因此無法和外在環境協調，而感到不舒服。

人們爲了要消除不舒服的感覺、滿足自己身體的喜好，於是不斷地追求舒適的感受：嘴巴要吃好吃的食物，耳朵要聽好聽的聲音，眼睛要看好看的景色。本來口渴時只需要喝水就可以了，但是爲了享受，講究一點的人就要喝好茶、喝各種飲料。人類的各種貪求沒有止境，都是爲了保護身體的存在而產生無邊的欲望，爲了滿足身體的需要，花費了太多力氣，反而製造了種種業因，有了業因就必須受報，爲自己帶來許多麻煩。所以，身體就是製造痛苦的根源。

我們都喜歡涼快、柔軟、細膩、溫暖、輕巧的感覺，但是不可能總是處在這麼舒服的環境中。俗話說：「眼不見爲淨」，只要耳不聞、眼不見，就不會受到環境影響，可見我們的身體所感受到的不和諧，其實並不一定是外在環境的問題，而是和內心的妄念有關。如果我們沒有自我中心的執著，雖然有身體，也不會與外境產生矛盾，就算發生任何問題，也不會覺得很嚴重。當身心與外境發生衝突時，轉變內心的「受」才是根本的解決方式。俗話說：「心靜自然涼」，當我們覺得太熱的時候，除了少穿一點衣服，更重要的是要讓心安靜下來，不要急躁，因爲內心急躁會覺得更熱。如果心不能靜，可以試著誦念佛號，念佛能夠幫助我們靜心，就不會覺得熱得很痛苦，這就是心的力量。

如果不能夠調整內心的「受」，就會經常處於受苦、貪求的情境之中。貪求表面上好像是追求快樂，其實是建築在貪念之上的追求，這樣，永遠不會滿足、永遠不會快樂，反而會製造種種困擾與痛苦。

雖然五蘊中的任何一蘊，都會製造很多煩惱，讓我們痛苦不已，但我們不能爲了避免五蘊熾盛之苦，就否定身體的存在。因爲身體存在的本意是好的，也是讓我們求福、求慧的工具。只要能夠觀照「五蘊皆空」，就可以化解五蘊熾盛之苦，也能讓我們好好運用這個身體，爲自己種福、培福，更進一步造福人群。

不以自我為中心

《心經》中所說的「照見五蘊皆空」，是化解、對治「五蘊熾盛苦」最好的方法。可是有人卻認爲，就是因爲有喜怒哀樂、悲歡離合，才能呈現人間生機盎然的一面，也才能證明我們存在的價值，否則就如槁木死灰一般。這樣的說法，其實是誤解了五蘊皆空的意思。

五蘊皆空的境界，絕對不會像木頭、石頭一樣萬念俱灰，否則觀世音菩薩在照見五蘊皆空以後，就不會想要度眾生了。相反地，菩薩照見五蘊皆空、度一切苦厄後，不僅解脫了自己的痛苦，甚至還爲眾生救苦救難，自願以無限的時間、無邊的悲願，把自己奉獻給眾生，這樣活潑的生命，怎麼會是槁木死灰呢？

所以，「五蘊皆空」和「五蘊熾盛」的差別，在於我們行事的心態：如果以自我中心爲出發點，就是「五蘊熾盛」；如果是爲了救度眾生的悲願，就是「五蘊皆空」，兩者是截然不同的。

當我們的自我中心太強、自私心太重時，就會不斷地向外追求，同時又不斷地排斥外在環境中的一切，所以會帶來許多痛苦。雖然社會上往往把自我中心很強的人形容爲強者，但是他們幾乎沒有長久的朋友。因爲一旦他們的朋友成爲旗鼓相當的對手時，就會因爲不能包容對方的強悍，而成爲彼此的敵人。由此可知，凡是強悍的人都很孤獨、痛苦，但他們表面上都不承認。因爲他們害怕丟臉、擔心沒有退路，深怕自己失敗後就站不起來，所以一定要奮戰到底，但如此一來，反而凸顯他們情感的脆弱。可見，當個強人並不好受。

有時乍看之下，強人似乎是推動世界進步的原動力，社會要靠他們來維持、推動。事實上，強人並不是這個社會中最高層次的人，最高層次的應該是宗教家、哲學家，因爲他們放棄自我，把自己的生命與全世界共同分享。

例如，釋迦牟尼佛並不想得到任何地位、名望，除了奉獻自我，別無所求。另外還有一些偉人，他們也是爲了奉獻而奉獻，並不是爲了爭取任何利益而凸顯自我。但是強人和偉人很難從外表判斷出來，必須從他們的內心修養來分辨，究竟是自我中心的人？還是天下爲公的人？如果是以自我爲中心，就只能算是強人，還是會有「五蘊熾盛」的痛苦，無法從煩惱中得到解脫。

一般人也許做不到觀世音菩薩的程度，但是在日常生活裡，還是可以一點一滴地學習菩薩精神。例如，當我們感到痛苦、恐懼、憤怒時，就告訴自己：「觀世音菩薩運用智慧，看到由五蘊構成的自我是空的。而我現在感到這麼痛苦，這就是五蘊熾盛、自討苦吃，沒有必要。」或是誦念《心經》的經文：「觀自在菩薩，行深般若波羅蜜多時，照見五蘊皆空，度一切苦厄。」用佛法的智慧來告訴自己，自我中心是五蘊皆空的，不必那麼執著、那麼痛苦。

如果我們常用這個方法來自我訓練，就會發現，要在生活中「照見五蘊皆空」，並沒有想像中那麼難。當我們漸漸放棄自我中心的煩惱，就能隨時隨地感受到豁然開朗、清涼自在的快樂。

感同身受，就能放下執著

凡人都有七情六欲，當我們剛陷入七情六欲的泥淖裡時，都會覺得很甜蜜、很美好，但最後一定苦不堪言。《四十二章經》中說：「財色之於人，譬如小兒貪刀刃之蜜甜，不足一食之美，然有截舌之患也。」意思是說，受財色所誘惑的人，就像用舌頭在刀口上舔蜜一樣，雖然嚐到一時的甜頭，結果舌頭卻被割掉了。

所以，我們一定要小心，不能夠一看到美好的事物就受不了誘惑，如果能有這樣的警覺心，就能爲自己減少很多麻煩、煩惱和痛苦。例如，某位女孩已經有一個要好的男朋友，但是當另外一位英俊聰明、體貼多金的男孩出現時，她又心動而捨不得放棄原來那位。像這樣腳踏兩條船，就是在玩愛情遊戲，這比玩火更可怕！如果她心裡能夠有所警覺，知道這樣下去，不但會引起自己與別人的困擾，甚至可能會把彼此的性命送掉，就能在鑄成大錯之前，趕緊懸崖勒馬。如果沒有這種警覺心，明明知道有問題，卻還自我安慰：「也許不會出問題，反正船到橋頭自然直，管他會有什麼後果。」一旦存著這種心態，就無法抗拒自己的欲念了。

所以，在誘惑當前時，我們可以選擇遠離，或是轉變自己的觀念，只要能夠保持警覺心，就能調和理性和感性，而避免被七情六欲的執著所苦。不過，如果只是不斷地告訴自己要遠離誘惑，通常還是不容易徹底做到，這是因爲沒有充分感受到問題與自己的生命息息相關。因此，除了糾正觀念，隨時隨地保持警覺、自我提醒之外，我們還需要具備「感同身受」的胸懷。

曾經有一則新聞提到，美國的牛肉大多是從南美洲進口，巴西熱帶雨林的農夫爲了蓄養牛隻，便將雨林砍掉，改種植大片牧草，但如此一來卻破壞了大氣層，危害整個地球的生態環境。有一位年僅十三歲的美國小孩，在報紙上看到這則報導以後，便毅然決定不再吃牛肉、漢堡等。他的父親認爲大家都在吃牛肉，他一個人不吃是沒用的，熱帶雨林還是一樣會被破壞，這個孩子卻堅定地回答：「少了我一個人吃牛肉，牛肉就會少消耗一點，就可以多保留一棵樹，所以我絕對不吃！」

這個小孩果眞從此以後就不再吃牛肉，因爲他覺得自己的行爲和整個地球環境息息相關，所以他能夠貫徹自己的決心。像這樣感受到自己與其他人的生命息息相關的迫切性，就是「感同身受」，這種感受能夠幫助我們興起進一步改變自我的動力。

所以，當七情六欲的誘惑出現時，除了隨時隨地保持警覺心，用正確的觀念來糾正自己，還要用心感受自己與萬物是息息相關的生命共同體。如此一來，就會發現，一旦順從自己的欲望，會對自己及他人造成多大的傷害，也就不會讓自己陷入欲望的泥淖裡。只要我們依循佛法的智慧，就能減少七情六欲所引起的煩惱，輕鬆自在地過生活。

慈悲是為了保護自己

感同身受的慈悲，可以幫助我們破除執著、抗拒誘惑。但是在這個弱肉強食的社會上，雖然自己對別人處處慈悲，別人未必會以慈悲回饋自己。因此，面對名利、財色的爭奪時，難免擔心自己會吃虧。

對別人慈悲，從眼前來看好像吃虧了，但如果把範圍放大來看，就會發現非但不吃虧，而且最終對自己或他人都是有益的。例如過獨木橋時，如果兩個人在橋上互不相讓，最後的結局就是兩敗俱傷。就像俗話所說：「兩虎相鬥，非死即傷」，到了這個地步，沒有一個人能占便宜。如果我們能夠對別人慈悲，讓一條路給別人先走，自己一時之間好像吃虧了，但是至少彼此的性命還在，毫髮未傷。

因此，當我們遇到非常強硬的對手，雙方僵持不下時，知道再爭下去一定是兩敗俱傷，還是盡早把成敗得失放下吧！所謂「留得青山在，不怕沒柴燒」，慈悲不但能利益別人，還能保護自己。當別人因爲自己的退讓而成功了，此時自己看起來似乎懦弱、無能，是個失敗者，但這其實保護了自己生命的安全，也是爲了保全實力，使自己不受重大的傷害。

現代人最割捨不下的不外乎感情問題，當自己不斷地付出，卻又收不回來時，就會感到十分不甘心、不情願。其實，寶貴的人生經驗都是從吃虧、挫折、失敗之中得來的，如果已經爲對方付出很多還是失戀了，卻仍一心想再把對方追回來，這等於是緣木求魚。就像賭輸的人心中不服氣，老是想翻本，錢輸光了就想辦法再借，借了再賭、賭了又輸、輸了再借，就這樣愈陷愈深而無法自拔，這種行爲實在很愚蠢。

人生其他方面也都是如此，如果自己不是別人的對手，已經全盤皆輸，不可能挽回局面時，就不要再陷下去了。此時應該趕快撤退，就算輸掉了也無所謂，只要能以此爲戒、學到經驗就夠了，這就是對自己慈悲。

面對別人的慈悲，雖然有些人會感謝，但大部分的人會認爲這是他比你強的緣故，所以你得不到是你活該，而他搶得到是他應得的，並不需要感謝他人。遇到這種情形時，不需要把它當成奇恥大辱，也不用覺得自卑，因爲慈悲主要還是從自我保護的角度來考量。

不過，中國人說「當仁不讓」，當你不斷地慈悲別人以後，對方反而得寸進尺地去傷害他人，那就不能繼續再讓了。當然，在爭取權益之前，必須先估量一下自己的力量，如果有所把握，就要勇往直前、力爭到底，否則對方會傷害更多人。

對人慈悲，就是讓別人有路走，而整個世界是個生命共同體，讓別人過得快樂、自由、有希望，最終一定也會利益自己。所以，慈悲不僅能利益別人，事實上，也是爲了保護自己。如果我們能常常生起慈悲心，對所有人都會有幫助的。

「因緣」就是自然現象

在佛法的修行方法中，有一種「因緣觀」，能幫助我們轉變觀念、破除執著，做出正確的決定，避免被七情六欲所困。

當我們面對各種誘惑或刺激時，無論產生的感受是痛苦或快樂，都要馬上想到，這些境界以及伴隨而來的感覺，只不過是物質彼此接觸後所產生的一種效果，並非眞實的存在。例如，當我們看到一朵花時，不要立刻判斷自己喜不喜歡它，因爲花僅是花而已，要將它獨立在所有價值判斷之外，才不會產生誘惑、刺激的問題。可是如果我們賦予它價值判斷，當「美」的念頭出現後，心想：「這個顏色好美！我從來沒有看過這麼美的花！」單純的物質現象就變成誘惑，因爲有了「喜歡」的念頭，就會想將它據爲己有，一連串的煩惱就會接連而來。所以，當我們看到一朵花時，念頭就要止於「這是一朵花」，而不要有好惡的分別。

有時我們以爲自己喜歡某些事物，事實上卻不一定眞的如此。有一年春天我到英國旅行，看見路旁花團錦簇，我覺得這樣的景色很美、很有意思，但是看多了以後，就漸漸覺得不稀奇，也就視而不見了！等我到達禪修道場後，那是一個乾乾淨淨的地方，只有草、沒有花，所以當有人摘了幾朵花插在瓶子裡、放在餐桌上時，我又注意到花了。於是我心想：「我究竟喜不喜歡花呢？」然後我再看看它，瞭解到其實並沒有所謂的喜不喜歡，從因緣的角度來看，花就只是花，除此之外，沒有什麼特別的意義。

任何事物都是因緣所構成，有因、有緣，當各方面條件聚合之後就會發生；當因緣不具足時，自然就消散了。一朵花也是如此，當它漸漸枯萎之後，就會被當成垃圾丟掉，此時已經沒有美不美的問題，只是一種自然現象而已。《紅樓夢》裡的林黛玉，把自己的生命和花朵聯想在一起，因爲有這種聯想，所以產生了煩惱與執著。當她看到花朵掉落在地上，就會觸景傷情，覺得花朵好可憐。相反地，如果能夠獨立看待這些自然現象，花開時就是開，花落時就是落，知道一切都是因緣，就不會產生煩惱。

所以，聚是因緣、散也是因緣，所有的一切無論好壞，都是因緣。只要從因緣的角度來看待，世界上就沒有任何事物能夠讓我們產生煩惱、執著而感到痛苦了，當然，這是需要不斷地練習。例如，當我們看到了自己很喜愛，但並不是很需要的東西時，馬上用因緣觀來看，心想這個東西原本就是這樣，並沒有什麼特別的意義，我現在也不需要它，如此便不會受誘惑了。

當我們能夠分清楚自己和外在事物之間的主客關係，不讓自己與它產生關聯性的想像，就不會有太多的執著。走進百貨公司時，看到很多美麗的服裝以及化妝品，但是我既不能穿、也不能用，所以它們和我沒有關係，既然和自己沒有關係，就沒有誘惑的問題。

分得清楚「沒有關係」和「有關係」就是因緣觀，但有些人不明白這個道理，有時只是覺得好玩，就想把自己不需要的東西帶回家。例如，有些人覺得飛機上的雜誌不錯，就把它帶回家，但帶回家之後卻不一定有時間閱讀。或是逛書店時，看到每一本書都喜歡，結果買了一大堆書回家，往書架上一放，從此就不聞不問。

一本書要從頭到尾看完才算是眞正擁有，否則買再多書也都和你「沒有關係」。但我們總習慣向外攀緣，看到任何美好、漂亮的事物就想擁有，才會造成這麼多苦惱。因此，唯有明白因緣的道理，分清楚自己和外在事物之間的關係，才能讓我們免除誘惑及七情六欲所帶來的痛苦。

收心的練習

佛法教導我們抗拒誘惑、破除對七情六欲的執著，多利用因緣觀、慈悲觀，以及轉變觀念等方法，但有時這些方法還來不及用上、觀念還來不及轉變，就已經陷入欲望的泥沼了。所以最根本的方法，還是要「收攝六根」，也就是把自己的心收回來，使眼、耳、鼻、舌、身、意等「六根」的注意力向內，而不要向外。

通常我們的眼睛、耳朵、鼻子等身體器官，接觸外物之後就會喜歡它，希望占有它、爭取它，而無法拒絕誘惑。有時候即使眼睛閉起來了，心裡的影子還在，把耳朵塞起來不聽也沒有用，總是餘音猶存，此時就要感受一下，這種困擾的感覺究竟舒不舒服、快不快樂？是痛苦、還是享受？事實上，如果把眼睛閉起來，還是有影子在前面晃來晃去，這其實是非常痛苦的，並不是快樂。

就像談戀愛談得非常入迷時，對方的容貌、笑顏、聲音總是縈繞在腦際，放也放不下、丟也丟不開。即使對方遠在千里之外，卻好像就在眼前，這就是患了相思病。如果不是兩情相悅，而是單相思、單戀，那就更加痛苦了。

我們可以好好分析，這種縈繞腦際的影像和音聲究竟是不是眞的？腦海中的影像在睜開眼睛以後，可能就不見了；耳朵聽到的聲音只要經過仔細分辨，也就消失了，一切都只是腦子裡的想像而已。所以，我們要常常提醒自己，這些都只是內心的幻覺，而不是眞正的快樂。

如果還是想得很痛苦，我們可以不斷地注意自己的呼吸，用注意呼吸的感覺來享受呼吸。如此一來，就會產生移情作用，心裡揮之不去的念頭，在注意呼吸後可能就會轉移了。

此外，分析自己的念頭也是收攝六根的方法之一。我們的念頭都是一個接著一個、不斷地出現，所以當出現粗鈍、強烈的念頭而又無法擺脫時，就可以試著數呼吸、享受呼吸。當再有其他念頭出現時，就能慢慢體會到，剛才明明還在想的事情，現在又不想了，而現在不想的原因，就是因爲你正在注意呼吸，所以剛才的念頭已經被切斷，變成一段一段的。

然而，我們的腦袋會不由自主地繼續想別的事，「注意呼吸、享受呼吸」這個念頭本身，也會不斷地再被其他念頭切斷。每當我們發現其他念頭出現時，不必理會那些念頭，還是繼續回到呼吸的感覺，藉此把那些念頭切斷。像這樣交錯著把念頭切斷，這些念頭就變成片斷的，既然是片斷的，那就是幻覺、幻相，便可以漸漸把這些念頭放下了。

另外，妄念太雜亂、無法控制時，拜佛也相當有用。拜佛時，要注意自己身體的覺受，專注在拜下、起立每一個動作的感覺，一般人如果不知道怎麼拜佛也沒有關係，跪在佛前專心磕頭也是有用的。此外，也可以出去散散步，散步時注意每一個腳步踏出去的感覺，當我們這麼做時，會把注意力收回到自己的身體上，也就能收攝自己的心。

在日常生活中，絕大部分的時間，我們的心其實是向外發散的。我們要經常練習把它向內收攝回來，回到自己的呼吸、念頭以及動作的感覺上。透過這樣的練習，就能夠逐漸放下外在的干擾，達到收攝六根的目的。

得到真正的快樂

無常就是永恆

一般人對人生的追求，大多從物質、精神、永恆三個方向著手。物質是人類生活的先決條件，包括自己的身體以及生活環境，都需要透過物質才能得到種種滿足與享受。在現代社會，因爲科技進步，物質條件普遍提高，人們生活得更舒適。但是，現代人並沒有因此比從前的人更快樂，煩惱的人還是覺得煩惱，甚至比從前更痛苦。

因爲欲無止境，對物質的貪求永遠不能帶來眞正的滿足與幸福，只能夠帶來一些便利。但是所謂的便利，也並不是絕對的便利，因爲從一方面獲得便利，同時在另一方面卻也可能失去種種的優勢。例如，現代人住在大房子裡，窗戶關得密不通風，室內有空調，又有各種現代化設施，表面上看起來好像很安全、享受。可是，住在房子裡的人畢竟與天然的空氣隔離了，因此他們同時也失去了與大自然連結。所以，對物質的追求並不總是可靠的。

至於精神層面的追求，則是非常抽象的，因爲這是每個人內心的感受、認識、經驗和體會。精神生活的層次因人而異，精神層次低的人，無法體會到在物質之外還有什麼生活意義。可是擁有精神生活的人，便能從讀書當中體會到一些道理、理念，讀書對他而言就是一種享受。俗話說：「書中自有黃金屋，書中自有顏如玉」，這並不是說讀書一定會帶來物質上的財富，而是指書本能夠帶來精神上的成長、寄託和安慰。藝術與宗教也是如此，特別是宗教上的信仰，相信有天國、佛國、淨土，或是相信在冥冥之中有神、佛、菩薩來協助我們，這也是精神生活中的一環。

至於永恆，其實是永遠都追尋不到的，因爲世界上並沒有這種東西。佛法講「無常」，沒有一樣東西是永遠不變的，只有「經常在變」這個原則永遠不變，所以無常就是永恆。如果我們能明白任何東西隨時都在變動，並不是經常、永久的，而不執著永恆的存在，就能得到解脫了。

以佛法的觀點而言，在物質、精神與永恆三者之中，物質與精神是需要提昇的，但永恆則是空洞不實，所以我們不需要追求永恆。追求、執著於虛幻的理想，一定會產生問題，不如腳踏實地面對現實。如果在現實生活之中，能夠活得非常踏實、清楚，不覺得有煩惱或痛苦，這就是最好、最究竟的生活方式。

也許有人會懷疑，既然成佛是最究竟的，難道佛不是永恆的嗎？其實，佛的力量是處處都在、時時都在，但因此也等於處處不在、時時不在。他並不是永遠都在固定的地方，但也不是永遠都不在那個地方。平常我們雖然感覺不到佛的存在，但每當我們需要佛的時候，他的精神、力量就自然與我們同在。

所以，眞正的永恆就是沒有永恆，而是超越永恆的。

不離煩惱，也不起煩惱

《法華經》裡將娑婆世界比喻爲「三界火宅」，所謂三界，就是指欲界、色界和無色界。

「欲界」的眾生，追求的是五欲的享受。所謂「五欲」，就是色、聲、香、味、觸，也有人說是財、色、名、食、睡，總之都不離物質的享受。在人間，雖然五欲的享受能帶給人短暫的快樂和滿足，但是對五欲追求，就像捕風捉影一樣徒勞無功，風和影子都是虛幻不實的，勉強追求只會帶來痛苦。所以，人間的眾生雖然享受五欲之樂，但痛苦的時間其實是遠比享樂的時間多。至於天上的眾生，雖然能享受無盡的五欲之樂而不會有任何痛苦，但是天人的福報有一定的年限，當福報享盡以後，同樣又會回到人間來受苦，甚至到比人間更悲慘的地方去。

到了「色界」，追求的則是「定樂」，也就是安住禪定而得到的快樂。雖然不同於五欲的欲樂，而且是大修行人才能享受到的，可是定的快樂，也只有在定中的一段時間內享受，一旦出定以後，定樂也會漸漸消失。

至於「無色界」，則是最高的禪定境界，此時不但沒有身心的活動，甚至連念頭的活動也沒有，只剩下微細的意識。但是這種禪定也有一定的年限或時段，當定力退失、出定之後，又會回到人間，甚至到地獄、餓鬼或畜生道去了。

由此看來，無論是欲樂或定樂，隨時都有可能失去樂的享受，而且很快就會帶來災難，所以都不是最究竟、最眞實的。因此，三界就像火宅一般，燃燒著苦惱和不安的火。而我們都在煩惱中苦中作樂，雖然處境已經非常危險了，卻依然沒有危機意識，還是不斷追逐著不可靠、似是而非的快樂。

但是，我們眞正需要做的，並不是從火宅之中逃出去。雖然小乘佛法認爲三界就像火宅一樣，需要趕快離開；但是大乘佛法認爲，只要我們內心不會被貪、瞋、癡等煩惱所困擾，那麼無論在任何情況下，都像在佛國淨土中一樣。所以，並不一定非得逃離三界的範圍。

因此，大乘佛法所說的菩薩與佛，是不離三界的，雖然和眾生一同生活在三界之中，卻不受三界的痛苦。他們和我們生活在相同的環境裡，但他們的心裡早已沒有恐懼、貪愛、怨恨、懷疑或是不安全的感覺。他們不但不覺得自己在受苦受難，而且還不畏艱難地救苦救難，這就是菩薩精神。佛、菩薩都是從三界煩惱中得到解脫的人，也是我們眞正需要學習的對象。

快樂不需向外尋求

快樂有很多層次，而一般人所追求的「欲樂」，是一種刺激、發洩以及官能的享受。例如，看美景以滿足眼睛的享受、聽音樂以滿足耳朵的享受，或是大吃一頓以滿足口腹之欲等，都是透過身體的官能所產生的快樂，是在刺激感官以後，心中出現的陶陶然、非常享受的感覺。

但是這種快樂只不過是短暫的麻醉而已，並不是全然的放鬆。以喝酒爲例，黃湯下肚時的確很快樂，但是喝醉以後的痛苦卻難以言喻，尤其第二天宿醉的折磨就更難受了。所以，刺激身體官能所產生的快樂都會有後遺症，而且刺激的強度還必須隨著次數的增加而不斷地提高，永遠不可能滿足。

在欲樂之中，除了幾種感官的刺激以外，還有一種是成就感所帶來的快樂。人生在世，並不只是爲了滿足官能的享受，內心成就感的享受，也是人們追求的目標。例如，在文藝創作的過程中，會帶來內心的快樂；或是讀書讀得非常開心，忽然心有所體悟，也讓人感到很快樂；又或者本來不會的技藝，突然之間學會了，而且還博得他人的欣賞、讚歎時，都會讓人覺得很高興、很有成就感。但是這種快樂也很有限，短暫的快樂消失之後，馬上又會感到不滿足，而且一旦滿足到了驕傲的地步，痛苦就會隨之而來。

所謂「人外有人，天外有天」，境界是永遠追求不完的，當自己的成就到達某一層次以後，還是要繼續不斷地往上爬。但人的生命畢竟有其終點，到最後根本不可能再突破時，只好對自己喊停，此時會有一種失落感。因爲自己的生命即將結束了，卻不知道該何去何從，不禁懷疑自己一直向前衝究竟是爲了什麼？此時如果沒有宗教信仰的引導，難免會茫茫然，感歎著說：「眞不知爲誰辛苦爲誰忙！」

其實，追求成就感的滿足和快樂並沒有什麼不好，因爲它是促使一個人在生命過程中，一直不斷往上、往前進步的動力。一般人如果沒有成就感做爲生命的動力，就會覺得活著沒有意思。但矛盾的是，千辛萬苦地追求成就，卻發現所追求的目標並不是眞正的快樂。

這是因爲普通人的心不斷地在動，不是心猿意馬，就是三心二意、心不由己，總是無法掌控自己。在這種情形下，連自己也不知道這究竟是樂？還是苦？但這種不明苦樂的焦灼本身就是苦。因此，一般人在感到無聊時，往往需要找其他人談話、聊天，或者是看小說、看報紙、聽音樂，找些娛樂來消遣自己、消磨時光，讓自己的注意力有所寄託，否則就不知道該把心放在哪裡？

修習禪定能讓我們的心念集中、統一，而得到失卻身體負擔的定樂，能夠免除享受欲樂所帶來的後遺症。在定中的人心無所寄，如果一定要說有所寄的話，也是寄於「一念心」上。因爲寄於一念心上，所以心能夠安定下來，內心世界非常穩定，根本不需要再向外求取寄託，就不會再受外在環境所動搖了。

苦與樂只是主觀的感受

行菩薩道的人，心中沒有任何度眾生的念頭，也不計較自己是否能得到回饋，因此能體會解脫的快樂。可是，在世人的眼裡，這樣不停爲眾生忙碌是很辛苦的。可見，苦與樂的感受因人而異，並沒有絕對的標準。

其實，苦與樂的差別主要取決於心中主觀的感受，並不在於身體的感受或外在的事件。例如，我出生在一個窮鄉僻壤的地方，而且又是兵荒馬亂的時代，吃不好、穿不好，可是因爲我一出生後的環境就是如此，所以並不以爲苦。但是現在回想起來，發現那段期間眞的很辛苦。不過，即使再苦的日子也還是度過了。所以，只要我們主觀的觀念不要判斷、計較，就不會覺得苦了。

以工作時的心態爲例，如果對自己的工作有一份責任感和使命感，做起事來一定也能甘之如飴。反過來說，如果你老是認爲自己被分派了很倒楣的任務、待遇很不合理，結果就像被人用槍強押著工作一樣，心不甘、情不願，又還是非得面對不可，而處於恐懼和痛苦之中。

但是，你如果能反過來想：「既然這個工作我能做，我也願意做，那就好好地做吧！說不定我的努力眞能幫助人們得到平安、幸福，那麼辛苦也就很値得了。」如果眞能這樣想，當你努力工作時，雖然比任何人都辛苦，早出晚歸、刻苦耐勞，還要挨罵、接受抱怨，你也不會覺得疲累。因爲你能體諒那些罵你、不願意幫忙的人，他們不知道工作的重要性，但是你知道的比他們更清楚，所以你應該多付出、幫他們的忙。至於他們是不是罵你、怨你或是感謝你，都沒有關係，只要他們快樂就好。

由此可見，內心的苦與樂，往往不是來自於物質條件的富足或是身體的健康。有些人雖然生活條件很貧窮、身體不健康，卻活得很快樂；而有些人即使很富有、身體也很健康，卻活得很痛苦。所以，痛苦實際上是一種內心的感受與狀態，如果你的心態是痛苦的，那麼無論處在任何情況下都是痛苦的。有些人以爲上天堂之後就沒有煩惱和痛苦了，其實，如果你心中的煩惱很多，即使上了天堂也等於在地獄；反之，如果你心中一點煩惱也沒有，就算你在地獄裡，也等於在天堂。

既然苦與樂都是內心的感受，那麼我們也可以藉由轉變觀念來轉變感受。例如孕婦懷孕時，不知道生下來的孩子，會是男孩或女孩？長相美或醜？其實，男、女、美、醜的好壞都是很主觀的，先入爲主的判斷對孩子而言一點都不公平。如果能告訴自己：「反正無論男、女、美、醜，都是我的孩子。」等到孩子出生後，就不會有任何抱怨了。

同樣的，對於已經盡心盡力完成的事，不論它的結果究竟如何，都不需要太在意。如果結果很好，那當然很好；如果不好，也不必難過，因爲自己已經盡力了。如果能永遠都看到事物光明的一面，無論發生了任何事，你都會認爲這件事對你是有助益的，而歡喜地接受它，就能離苦得樂了。

追求更高層次的快樂

所謂「欲樂」，是因外界刺激而得到短暫的快樂感受。然而，欲樂也有層次之分，例如，人間的欲樂和天上的欲樂不一樣；動物的欲樂也和人類的欲樂不一樣。即使同樣是人，也會因爲生長背景、文化修養、知識深淺，以及心胸的寬窄，而有不同層次的欲樂，並不能一概而論。

以天上的欲樂爲例，天上的男女不需要身體的接觸，只要彼此說句話、握個手，或是互相看一眼，兩人的心靈交流就會產生，非常微妙。這是因爲天上的人雖然也有身體，但並不像人類的肉體，而是非常微細、柔軟的。例如，人體排出的汗是臭的，如果一段時間不洗澡，皮膚就會癢；但是天上的人身體非常輕盈、清淨，沒有這種問題。所以，天上的物質享受和人間的物質享受不一樣，欲樂的層次也就不一樣了。

而人類的欲樂和動物的欲樂也有差別，動物除了滿足本能的欲求以外，沒有其他的快樂；而人類除了本能的欲求之外，還有文化修養所帶來的快樂。

因此，同樣是快樂，有的人追求的是刺激，有的人則講求欣賞。以插花爲例，經過插花的人巧妙地構思之後，一朵花就變得像一幅畫一樣美。其實，大自然中的花朵俯拾皆是，並沒有特別的意涵，但是透過一個人的心靈來欣賞時，就變成美麗的。不過，如果不懂得如何插花，或擺錯了位置，也可能變得不好看而糟蹋了那朵花。

可見，對美感的欣賞是有層次之分的，眞正會享樂的人不僅是透過肉眼，還要透過心眼。而心眼是需要修養的，沒有修養就不容易體會這種美。但是這種修養不一定需要學問、知識，沒學問、沒知識的人，一樣可以透過心眼來看這個世界，只要用心看、細心看，用自己善良、美好、歡喜的心來欣賞這個世界，這個世界就是美的。

但是，五欲的快樂畢竟是短暫的，包括觀賞一幅圖畫、欣賞一首樂曲，或者是閱讀一本好書，都還是屬於短暫的欲樂，只是這種透過欣賞而得到的快樂，層次比較高，而能在腦海中留下較深、較久的印象。

古人說「繞梁三日」，意思是指當我們欣賞一首樂曲時，悠揚的旋律深入腦海，聽過以後還能不斷地回味；又或是欣賞一幅美景，經過幾個月、甚至一輩子，腦海裡都留有美麗的印記。這種高層次的享受有時能夠超越單純的欲樂，而接近於情操，甚至於已經昇華到宗教信仰的層次了。

所以，即使我們要追求快樂，也要追求高層次、高品質的快樂。如果能把快樂提昇到哲學或宗教信仰的層次，那是最好的。

不為任何目的而奉獻

以佛教的立場而言，「解脫樂」才是究竟的快樂，而追求解脫樂的唯一道路，就是行菩薩道。然而，很多人把行菩薩道看得非常高深莫測，認爲自己的層次很低，根本達不到菩薩的標準。因此，他們遇到我時總是說：「師父，因爲您的修行境界已經很高了，所以才能行菩薩道！」

其實我也是普通人，以我自己的經驗而言，行菩薩道並不是一件做不到的事，而且我並不覺得自己是在空口說白話或是高談闊論。事實上，每個人只要願意嘗試，也很容易做得到，而且能做到多少，就得到多少快樂。

解脫的快樂並不一定要等到徹底解脫時才能得到，只要朝著這個方向走，每走一步就會有走一步的快樂，而且一點都不是勉強得來的。例如，我們每個人都有自己的身分，而且通常都身兼數職、具有很多身分，只要我們能夠負擔起各方面的責任，盡好自己的職責，就能品嚐到解脫的滋味。

這是因爲當我們做事時，如果能抱著不爲任何目的而奉獻的態度，一心只是爲了把工作做好而盡責、盡心，絲毫沒有想到背後的目的，就能夠無私地付出，並體會到快樂。否則，如果總是爲了特定的目的才想要奉獻、付出，就很容易陷入等待、期望之中，心裡老是想：「我付出這麼多，而上司從未考慮提高我的待遇和陞遷！爲什麼這麼不公平？」情緒反而會因此起伏不定，痛苦不已。

相反地，如果不考慮這些問題，只知道努力付出、奉獻、實踐、盡責，就像俗語所說的「只問耕耘，不問收穫」，結果沒預期得到的東西反而得到了，而且是得來毫不費工夫。這就是菩薩精神，也是解脫的快樂。

盡責任就是默默耕耘，至於會有什麼收穫，自然「老天有眼」。所謂「老天」，其實就是「因果循環」，如果我們付出的多，卻得到的少，就表示因緣尚未成熟，那就繼續努力吧！所謂「水到渠成」，水總是會來的，如果水還沒有來，就表示目前時機未到，那就再慢慢地挖地、開渠。如果能這樣想，得到成果時既不覺得意外，也不覺得有什麼了不起。如果沒有得到，也會知道是因緣還未成熟，而不會感到氣餒。從這個角度來看，如果我們能不爲追求任何目的，只爲奉獻而奉獻，這種精神本身，就能爲自己帶來解脫的快樂。

人類歷史上有許多可歌可泣的故事，多半來自偉人們「爲奉獻而奉獻」的精神，才能獲得後世對他們的歌頌和讚歎，但如果他們當初僅僅是爲了自私的目的而努力，我相信他們也不會成功的。

總之，只要一件事情是自己樂意做的，而且別人讓我們有機會奉獻，我們就能夠在其中得到快樂。所以，我們不要認爲菩薩道的解脫之樂，一定要在解脫以後才享受得到，在還沒有解脫以前，做了多少，就能享受多少快樂。

不貪著禪定之樂

修習禪定的人，他們的眼睛、耳朵、鼻子等五官，甚至於意識都不與外界接觸，不受外境的影響、干擾。而在他們的內心世界裡，也和從前的回憶、歷史，未來的計畫、想像，以及現在的四周環境完全隔絕。此時他是全然獨立的，因爲沒有任何著力點，所以沒有任何東西可以困擾他。因此，能得到一種不爲外境所動的快樂，也就是「定樂」。

定的快樂有深有淺，淺的是沒有身體的負擔，感到非常輕鬆自在；深定是連前念與後念的思想負擔也沒有了，心中一事不掛，只有一個「非常安樂」的感受，有一點類似「何處惹塵埃」的境界，無論任何東西都招惹不到他。

然而，無論是淺定或深定，都還是有「自我中心」。在淺定中，雖然並沒有自我、非我的分別，但定樂的感受還在，所以還是有自我的。更深的禪定，會失去時間感、空間感，進入定中以後，感覺上才過了一彈指的時間，實際上卻已經過了好幾個小時，甚至過了好幾天都不自知。沒有了時間，就表示沒有雜念、妄念、夢境，頭腦裡面沒有任何境界出現，這不是昏迷，也不是死亡，而是心念不起作用。雖然心念不起作用，但是「我」還是在其中。

起坐、出定以後的人，會感覺渾身上下舒暢無比，這是因爲入定以後，頭腦獲得休息，身體也跟著全部休息。在那一段時間之中，身體裡所有的毛孔、細胞、經絡都是暢通無阻的，沒有緊張、壓迫感，這才是徹底的休息，而且可能比睡覺時所得到的休息還要充分。因爲睡覺時，意識還在不停地活動，無法眞正的休息。

定樂可說是一種解放的快樂，就像生完小孩之後，分娩前昏天暗地的陣痛一下子沒有了，就會覺得快樂的不得了。當我們入定時也是如此，平時因爲頭腦的負擔太重，連帶身體的神經也會受到影響，一進入定中的境界後，身心的負擔就都完全解除、消失不見，這樣的快樂誰不喜歡呢？

而且，無論是定中的快樂，或是出定之後通體舒暢的快樂，都是無可比擬的。有過這種經驗的人，出定以後都會想再入定，想要不斷地繼續打坐。所以，享受過定樂的人不免會對世間感到厭倦，不再碰男、女色，也不會貪著口腹之欲。因爲世間任何快樂，都比不上定中的快樂，包括官能刺激的快樂也比不上！

可是，貪著定樂的人就像烏龜一樣，遇到敵人、野獸要攻擊牠時，馬上就把四隻腳、一個頭、一條尾巴，統統都縮到龜殼裡去，保護自己不受傷害，敵人要吃牠也吃不到，只能咬到牠硬硬的殼。因此，定樂實在不是最究竟的，我們修習禪定的目的只是爲了進入智慧的領域，做爲實踐自利利他菩薩行的基礎。如果我們貪著禪定的寂靜妙樂，不願出離禪定，那就永遠不能達成學佛的目的了。

最快樂的人

禪定能讓我們的身心暫時放下負擔，享受完全的舒暢和放鬆。因此，追求定樂的人常常喜歡回到定中，不喜歡和塵世接觸，導致厭世的結果。他們很可能長期隱居在深山裡一直打坐，然後就在山裡坐化、死亡。

然而，在定中死亡並不代表已經得到解脫。雖然他有禪定的功能和力量，可以暫時拋下色身的束縛，但如果貪愛定中的快樂，死後很可能會選擇生到禪定天，繼續住於定中。然而，經過一段很長、很長的時間之後，等到定的力量消失時，他終究又會回到人間，有時甚至連人間都來不了，反而落到畜生道或其他境界裡去了。

這是因爲他在人世時，思想觀念不清楚，沒有做好功德、結好人緣，也沒有很大的福報，只是禪定的工夫很好。所以等到定力退失後，還是會再回到生死之中接受果報。他可能成爲神，也可能成爲鬼，但無論如何，都還是在輪迴裡，仍然要受輪迴之苦。

這種厭世者的人生觀是消極的，他們沒有救度眾生的心，只知道逃避現實。殊不知凡是逃避現實的人，就像逃避自己的影子一樣，無論走到哪裡，自己的影子總會跟著跑，怎麼甩也甩不掉。因爲欠別人的債還是要還，只要定力退失，一樣要回到苦的環境中再接受苦報，所以禪定並不等於解脫。

在佛法的指導中，禪定只是一種過程、一種工具。如果沒有禪定的基礎，人很容易受環境的影響、誘惑或刺激，再加上自己的欲望無法平息，就會製造種種惡業。有過禪定的經驗，就會知道五欲之樂並不究竟，至少能夠少做惡業，也不會心不由己，隨時可以指揮自己的心、掌握自己的行爲，不受任何外境影響。我們需要以禪定工夫做爲基礎，但是有了這種工夫還不夠，應該要更進一步求解脫。

所謂解脫，就是沒有後顧之憂、沒有後患，而且在觀念上不以禪定的快樂爲究竟，明瞭應發願行菩薩道，到人間廣度眾生，以身作則、弘揚佛法，幫助眾生離苦得樂。如果能做到這樣，雖然自己還在人世間和其他人在一起，可是能夠不受環境影響、誘惑，所以不會造業，同時也能夠與他人結善緣，幫助人們離苦得樂。

這個觀念本身就是一種解脫，但這樣的修行並不是爲了追求自我突破，或是滿足自己的成就感。行菩薩道的人，完全不考慮自己，只是不斷地努力奉獻，眾生需要什麼就奉獻什麼，他不爲自己爭取什麼，也不會想要停留在任何快樂的層次或境界裡。不但自己不被他人影響，也不會擾亂他人，可以在人群之中照常生活、照常奉獻。這種人雖然還沒有徹底解脫，但已經得到解脫的快樂。

行菩薩道的人因爲還在滾滾塵世中做各種苦差事，所以在旁人眼中，也許會以爲他活得很辛苦。其實，能夠不爲自己的欲求而奉獻，就算得不到回饋也不計較，這才是最快樂的人！

國家圖書館出版品預行編目資料

真正的快樂 / 聖嚴法師著. -- 初版. -- 臺北
市 : 法鼓文化, 民97 . 01
面 ; 公分

ISBN 978-957-598-419-9(平裝)

224.517 96023229

人間淨土 16

真正的快樂

著者／聖嚴法師
出版／法鼓文化
總監／釋果賢
總編輯／陳重光
編輯／李金瑛
封面設計／李俊輝
地址／臺北市北投區公館路186號5樓
電話／(02)2893-4646　傳真／(02)2896-0731
網址／http：//www.ddc.com.tw
E-mail／market@ddc.com.tw
讀者服務專線／(02)2896-1600
初版一刷／2008年1月
初版二十四刷／2023年2月
建議售價／新臺幣180元
郵撥帳號／50013371
戶名／財團法人法鼓山文教基金會—法鼓文化
北美經銷處／紐約東初禪寺
Chan Meditation Center (New York, USA)
Tel／(718)592-6593　E-mail／chancenter@gmail.com

法鼓文化